예술품 경매 바로 알기

민들레

법학의 탐색과 실마리

제 7 권

Dandelion

Ever widening horizon of law

Vol. 7

기획 명순구 | 고려대학교 법학전문대학원 교수

Planning SK Myoung | Prof. of Korea University

AN INTRODUCTION TO ART AUCTIONS

예술품 경매 바로 알기

정승우

KU PRESS
고려대학교
출판문화원

추천의 말

2004년 민들레시리즈를 시작한 이후 이번에 제7권으로 이 책을 발간하게 되었습니다. 제6권의 출간이 2009년의 일이고 보면 제6권과 제7권 사이의 간격이 너무 컸습니다. 오랜만에 민들레의 담론을 잇게 되어 매우 기쁜 마음입니다.

민들레시리즈는 새로운 법학적 과제를 탐색하고 문제해결의 실마리를 찾기 위한 노력의 결과입니다. 민들레시리즈는 법학의 지평을 넓혀 법학이 세상에 기여할 수 있도록 하겠다는 뜻을 담고 있습니다. 그리하여 이 시리즈는 필요하지만 이런저런 사정으로 인하여 우리나라 법률가들에게 낯선 주제를 다루어왔습니다. 법과 정책에 대한 폭넓은 인식과 이해가 없이는 세계 문화에 기여할 수도, 심지어는 우리 자신을 지킬 수도 없습니다. 예술에 관한 법 또한 마찬가지입니다. 특히 예술법은 여러 가지 특수성을 가지고 있는데, 우리나라에서 이에 관한 연구는 매우 빈약합니다. 이는 국내 예술·문화의 경쟁력은 물론 국가 전반의 경쟁력의 시각에서 볼 때 반드시 극복해야 할 상황입니다. 이런 인식에서 《미술품의 거래법과 세금》(2012)

을 출간한 적이 있습니다. 이 책은 작은 출발일 뿐, 이 나라에서도 누군가는 예술법을 깊이 연구해야 한다는 생각을 가지고 있던 터에 정승우 박사와 특별한 인연을 맺게 되었습니다.

정승우 박사는 고려대학교 법학과를 졸업한 후 약 10년간 공익문화재단과 아트센터를 운영해 온 해당 분야 최고의 전문가입니다. 그 분야에서 다양한 경험을 통해 정승우 박사는 예술품 거래 분야의 실무상 어려움과 학문적 탐구심을 동시에 절감한 것 같습니다. 이런 배경에서 정승우 박사는 고려대학교 대학원에서 법학 석사학위(국제거래법)와 박사학위(상법)를 취득했습니다(지도: 고려대학교 신창섭 교수). 분주한 상황 속에서도 학문적 성과를 이룬 점에 대하여 뜨거운 박수를 보냅니다. 법학도가 공익문화재단과 아트센터를 운영한다는 것이 매우 특이하게 보이기도 합니다. 그런 만큼 그의 활동은 우리 사회에 귀한 영향을 줄 것으로 확신합니다. 정승우 박사는 현재 고려대학교 세종캠퍼스에서 문화정책과 예술법을 주제로 강의를 하는 등 우리에게 비교적 낯선 분야를 확산하고, 법학도의 관점에서 체계화·전문화하기 위하여 부지런히 활동하고 있습니다. 그의 정성은 우리나라 문화예술의 발전을 위한 희망입니다.

이 책은 정승우 박사의 박사학위 논문인 〈국내외 예술품 경매에서 주요 당사자의 법적 책임에 관한 연구〉를 기반으로 한 것입니다. 그의 학위논문은 최근 호황을 누리고 있는 예술품 매매시장(소위 '아트마켓')과 예술품 거래가격 산정 시 지표로 고려되는 예술품 경매와 관련된 쟁점들을 체계적이고 전문적으로 정리·분석하고 있습니다.

현직 변호사 혹은 갤러리스트들이 출간한 예술시장, 투자 등 관련 서적은 이미 많이 있습니다. 그러나 문화재단과 아트센터를 직접 운영하면서 탄탄한 실무를 기반으로 하여 학문적 체계성까지 구비한 것으로는 이 책이 처음으로 알고 있습니다. 이 책은 법학과 예술의 학제연구의 결과물이기도 합니다. 이 책 출간을 계기로 앞으로 법학이 다른 학문과 어울리면서 더욱 풍성하고 설득력 있는 규준들을 제시하고 젊은 법학도의 창의성을 자극할 수 있기를 바랍니다.

아주 오래전 예술은 법이 개입하지 못할 정도로 우아한 분야였을지 모릅니다. 그러나 이제는 법이 예술의 우아함을 지켜주어야 할 때입니다. 이 책이 우리나라 예술법 연구의 활성화를 위한 촉매가 될 수 있기를 간절한 마음으로 기대합니다.

2021년 7월

고려대학교 법학전문대학원 교수

명순구

책머리에

지덕체 삼위일체의 인재 양성을 추구하는 공익재단법인 유중문화재단과 다양한 장르의 예술이 공존하는 복합문화공간 유중아트센터는 2011년 11월 1일 설립 이래, 예술을 통한 가치 있는 세상을 만들기 위해 다양한 활동을 진행하고 있으며 참신한 젊은 예술가들과 수준 높은 예술을 갈망하는 청중 간의 굳건한 다리가 되어 왔습니다. 나아가, 재능있는 청년 예술가들을 발굴하여 다양한 프로젝트를 통해 한국 미술계의 체계화·전문화·국제화를 위해 노력하고 매년 역량 있는 신진작가의 전시를 선보이고 있으며, 시각예술과 타 장르가 결합 된 다원 예술 프로젝트를 진행하고 있습니다. 또한 각종 국제교류, 예술교육, 학회, 예술법과 정책연구, 지역봉사 등 다양한 시도와 활동들을 통해 우리나라를 대표하는 전문 예술기관으로 주목받고 있습니다. 저는 지난 10년간 이사장으로서 다양한 문화예술사업을 진행하며 지적 호기심과 갈망을 느끼게 되었고, 이를 계기로 〈예술작품의 국제거래에 관한 법적 연구〉라는 주제로 법학 석사 학위를, 〈국내외 예술품 경매에서 주요 당사자의 법적 책임에 관한 연구〉라는 주제로 법학 박사 학위를 취득하게 되었습니다.

문화예술계는 지난해 전방위적인 비대면화(온라인화)로 그 패러다임이 강제 전환되는 경험을 했습니다. 어색하고 비효율적이며 비현실적이라고 여겨왔던 것들이 일정 부분 현실적이고 효율적이라고 느껴지기까지 긴 시간이 필요하지 않았습니다. 걸음마 단계였던 NFT, 온라인 경매, 온라인 전시, 실시간 공연 감상은 향후 우리 문화예술계를 뒤흔들 또 다른 화두로 자리매김할 가능성이 커 보입니다.

저는 대한민국 문화예술 발전과 재능있는 인재 발굴, 육성은 물론 세계화에 공헌하도록 계속해서 노력하겠습니다. 특히, 문화예술계의 새로운 패러다임과 함께 문화정책이나 예술법 등 제도적 측면까지 목소리를 내고 꾸준히 연구하는 자세로 코로나19 팬데믹을 극복하고 대한민국 문화예술계의 거름과 윤활유가 되고자 합니다. 저의 박사학위논문을 기초로 하여 출간된 이 책을 통해 일반인에게 낯설기만 한 예술품 경매와 관련된 주요 법적 문제들을 설명할 수 있는 좋은 계기가 되었으면 좋겠습니다.

오늘의 저를 만들어주신 어머니와 누님, 큰 가르침을 주신 신창섭 교수님, 많이 부족한 이 책이 출간되도록 보살펴 주신 김상용 출판문화원장님, 인생의 멘토가 되어주신 명순구 교수님, 항상 든든한 우군이 되어준 아내와 쌍둥이들에게 깊이 감사드립니다.

2021년 8월 22일

방배동에서

정승우

차례

제1장

서론

1 들어가며

경제의 발전과 더불어 국가간의 거래활동은 지속적으로 늘고 있다. 국제경제 활동에서 중요한 위치를 차지하는 국제거래는 나라마다 문화, 언어, 관습 및 법체계가 다른 서로 다른 국가의 당사자 간에 이루어지기 때문에 여러 가지 복잡한 법적 문제가 수반된다.[1] 오늘날 문화예술에 대한 대중의 관심이 높아지고 예술품의 거래가 활성화되면서 예술품의 국제거래도 증가하고 있다.[2] 소위 예술전문가(art expert, art specialist)라고 일컬어지는 전문가 그룹이 생겨나고, 전문 예술품 경매회사, 갤러리, 감정인 등의 역할이 확대되면서 예술품의 국제거래에 대한 법적 논의가 활발해지고 있다. 특히 전문 예

1 이기수·신창섭,《국제거래법》, 제7판(세창출판사, 2019), 1쪽.

2 아트 바젤 & UBS의 보고서에 따르면 2018년 기준 세계 예술시장 규모는 2017년보다 확대되었는데, 총 거래액은 6% 상승한 약 74.27조 원을 기록하였다.

술품 경매회사[3]는 오늘날 거대한 자본과 네트워크를 바탕으로 예술품 유통시장에서 자유경쟁에 의한 시장가격을 형성해 나가고 공신력 있는 감정을 제공하는 중요한 역할을 하고 있다. 예술품 경매회사는 투명한 거래를 만들고 공정한 가격을 제공하려는 노력으로 소비자들의 신뢰를 유도하고 있다. 하지만 예술시장에는 지금까지 상당수의 위작이 유통되어 왔고 이는 곧 잠재적 분쟁에 노출된 상태라고 봐도 무방할 것이다.[4]

20세기 초까지만 해도 뉴욕의 전문 예술품 경매회사들은 작품 위탁자의 단순한 대리인(agent)으로 간주되었기 때문에 만약 감정 오류 등의 피해가 생기면 낙찰자는 예술품 경매회사가 아닌 작품의 원주인(위탁자)에게 손해배상을 청구해야 했다.[5] 하지만 전문성이 부족한 고객들은 전문가의 도움 없이 구매 작품의 문제점을 찾기 어려웠고, 비밀유지라는 명목으로 위탁자의 신분을 알 수 없었기 때문에 문제가 생겼을 경우 배상으로 이어지기까지 여러 가지 장애가 있었다. 또한 당시 예술품 경매회사들의 일반적인 관행은 매수자 위험부담원칙(caveat emptor), 즉 경매회사들이 거래하는 작품들에 대한 보증과 표시 사고에 대한 책임을 부인(disclaim)하는 것이었다.[6]

우리나라의 경우 과거 예술품 거래는 주로 화랑(갤러리)을 중심으

3 크리스티, 소더비, 필립스, 마이니치 옥션, 서울옥션, 케이옥션 등 예술품 경매를 전문적으로 진행하는 경매회사.

4 The Art Loss Register(http://www.artloss.com)에서 다수의 사례를 확인할 수 있다(최종방문 2020. 12. 26.).

5 Ralph E. Lerner, *Art law: the guide for collectors, investors, dealers and artists*, 4th ed.(New York: Practising Law Institute, 2012), 295-296.

6 *Ibid.*, 319.

로 이루어졌기 때문에 유통에 있어서 다소 제한적이었다고 볼 수 있다. 하지만 2015년부터 시작된 단색화[7]의 열풍과 함께 우리나라 작품들의 국제 진출이 활발해졌다. 이는 우리나라 미술시장의 호황기를 가져왔고 동시에 대중의 관심도 증가하게 했다.[8] 단색화의 가치가 상승하고 온라인 예술품 시장이 등장하면서 국제 대형 전문 예술품 경매회사인 크리스티 옥션(Christie's Auction), 소더비 옥션(Sotheby's Auction), 필립스 옥션(Philips Auction) 등과 국제 대형 전문 화랑인 리먼 머핀 갤러리(Lehmann Maupin Gallery), 페이스 갤러리(Pace Gallery), 페로탱 갤러리(Perrotin Gallery) 등이 서울에 진출하게 되었다. 이러한 미술시장의 활성화는 온라인 경매시장의 활성화를 가져왔고 특히 일반인의 온라인 경매 참여가 쉬워지기 시작하였다. 그동안의 예술품 경매는 주로 고가의 유명 해외 작품들을 위주로 하였기 때문에 일반인의 접근은 부담스러웠다. 하지만 온라인 경매는 상대적으로 다양한 대중들이 쉽게 접근할 수 있는 특징을 가지고 있다. 최근 1인가구와 독립가구가 증가하면서 실내장식을 위한 예술품의 수요가 증가하였고 홈쇼핑이나 온라인을 통한 중저가 예술품이나 예술상품의 매출이 늘어나고 있다. 이는 인터넷을 통해 예술품에 대한 정보를 쉽게 얻고 온라인 예술품 거래에 자신감을 느끼는 예술

7 서양의 미니멀리즘의 영향을 받으며 1970년대 초반에 태동한 단색화는 한 가지 색이나 비슷한 톤(단색)으로만 이루어진 작품으로 소위 한국식 모노크롬으로 알려져 오다가 2000년 광주 비엔날레 이후 단색화(dansaekhwa)라는 공식 이름으로 통용되기 시작했다. 서구의 모노크롬과는 다르게 질감, 자연미, 관계성 등을 담는 등 독자적 화풍으로 한국 현대미술의 대표 사조로 세계 미술계가 주목하고 있다. 김환기, 권영우, 윤형근, 박서보, 정상화, 이우환 등이 단색화의 대표적 작가들로 꼽힌다.

8 윤진섭 외, 《단색화 미학을 말하다》(마로니에북스, 2015), 35쪽.

품 소비자들이 많아졌기 때문이다.[9] 근래에는 코로나바이러스 감염증-19(COVID-19)[10]라는 세계적인 특수상황 아래에서 예술품을 포함한 모든 객체에 대한 소위 비접촉, 비대면 거래가 폭등하게 되었으며 예술품이 특수계층만을 위한 취미라기보다는 다양한 가격대로 편하게 접근할 수 있는 일종의 대중적 사치재로 변모하고 있다.

2 예술품 경매?

일반인들에게 경매라는 시스템은 낯설지 않다. 특히 온라인 경매는 대중적인 전자상거래로 최근에는 그 영역이 확대되면서 부동산 경매도 일반인들에게 널리 개방되어 가고 있다. 예술품 경매는 일반적인 경매와 비슷한 틀을 가지고 있지만, 일반적인 경매의 영역과는 다소 다른 부담스러운 부분이 존재한다. 우리나라 대표적인 예술품 경매회사인 서울옥션, 케이옥션 등은 홍콩 현지에 법인을 설립하고 상설 전시장을 만들거나 특급 호텔의 '그랜드 볼룸'을 특정 기간 임차하여 경매 예고 전시를 진행하거나 오프라인 경매를 진행하고 있다. 서울에서도 온·오프라인 경매가 진행되고 있고 해외 메이저 예

9 박지현·신형덕, 〈가격결정요인분석을 통한 미술품 온라인 경매 특성연구〉, 《경영학연구》(한국경영학회) 제41권, 제4호(2012), 789-808쪽.

10 2019년 12월 31일 중국 정부가 원인 불명의 집단 폐렴 환자 발생을 발표했다. 2020년 1월 9일 첫 사망자가 발생했으며, 중국 국가위생건강위원회는 집단 폐렴의 원인 병원체가 새로운 변종인 '신종 코로나바이러스'라고 발표했고 2020년 2월 12일 국제보건기구는 공식 명칭을 COVID-19로 정해 발표했다(네이버 지식백과, 코로나바이러스감염증-19 http://terms.naver.com, 2020. 12. 26. 최종 접속).

술품 경매회사인 크리스티 옥션, 소더비 옥션, 필립스 옥션 등과의 직접 경쟁으로 인해 외국 컬렉터들의 참여가 늘어나면서 우리나라 경매회사들이 진행하는 경매들이 국제 경매에 따라 진행되기에 이르렀다.

이처럼 예술품 경매에 대한 참여와 관심이 고조되는 현실에서 이 책은 예술품 경매라는 특수 분야에 관해 연구하고 경매시장의 역사와 현황을 알아보고자 한다. 또한 경매 진행상 나타나는 주요 당사자들의 책임과 경매 절차에 수반되는 법률에 관해 살펴볼 것이다. 경매 절차의 뼈대에 해당하는 핵심 당사자들의 근본적이고 전반적인 법률관계를 중심으로 국내외 주요 경매회사들의 약관내용 및 온·오프라인 경매상 예상되는 준거법과 관련된 사항까지 살펴본다.

제2장에서는 예술품 경매시장과 그 주요 논점들에 대해 살펴보도록 한다. 예술품의 온·오프라인 시장과 전문 예술품 경매회사를 포함한 예술품 유통시장 구조의 분석을 통해 예술시장의 전반적인 현황을 정리하고, 국내외 예술품 경매의 개념 및 현황, 역사, 그리고 특징 등은 물론 감정 문제, 위작 문제, 공서 문제를 포함한 예술품 경매의 주요 논점까지 짚어본다.

제3장에서는 예술품 경매의 절차 및 당사자의 법적 지위에 대해 정리해 보고자 한다. 국내외의 공통적인 경매 절차를 시작으로 위탁자, 경매회사, 낙찰자 등 예술품 경매 절차에 관계된 당사자의 개념, 예술품 경매 절차 진행 과정에 있어 약관상의 역할, 실무상의 역할 등 각각의 법적 지위와 전문감정인의 역할에 대해 정리한 후, 미국, 영국, 홍콩, 프랑스 등 예술품 경매가 활발히 이루어지는 주요 국가들의 예술품 경매 관련 법규들 및 준거법 문제도 살펴본다.

제4장에서는 예술품 경매의 주요 책임원칙에 대해 살펴보도록 한다. 영미법상의 매수인 위험부담원칙을 포함한 매수인의 의무를 시작으로 대리인의 신인의무, 쌍방대리 가능 여부, 무과실책임 이론과 전문가 책임이론의 적용 가능 여부 등 이른바 영미법상의 수정된 책임원리를 짚어보고, 약관과 관련하여 우리나라의 주요 부분 표시의무, 명시 및 설명의무, 미국과 영국의 편입통제, 해석통제, 불공정성 통제 등 국내외 주요 규제사항도 정리한다. 나아가 우리나라 케이옥션과 일본 마이니치 옥션 등 주요 전문 예술품 경매회사에서 사용 중인 경매약관의 주요 내용을 살펴보고 하자담보책임, 보증의 범위, 예술품 거래상의 하자 개념과 범위, 국제물품매매계약에 관한 UN협약(The United Nations Convention on Contract for the International Sales of Goods, 이하 'CISG') 적용 여부 등 예술품 경매거래상 담보책임에 대해 고찰해 본다. 또한 미국통일상법전(Uniform Commercial Code, 이하 'U.C.C.'), 뉴욕예술법(New York Consolidated laws Service Art and Cultural Affairs Law, 이하 'ACA')상의 담보책임(보상) 조항, 예술에 관한 미국 각 주의 법률, 소비자제품보증법(Magnuson-Moss Warranty Act, 이하 '맥너슨-모스법') 등 미국의 보증 관련 법률, 박물관 종합보험, 이행보증보험, 화재보험, 적하보험, 재산보험, 도난보험, 보험가액 불변경주의 등 예술품 경매에 수반되는 각종 관련 보험과 그 논점, 각종 의무위반 등 예술품 경매상 예견되는 주요 불법행위 책임에 대해 체계적으로 분석한다.

마지막으로 제5장에서는 온·오프라인 경매의 비교와 저작권 관련 논점을 시작으로 온라인 예술품 경매 절차 진행 과정상 온라인 예술품 경매회사의 법적 지위 및 온라인 경매업자의 특수한 의무에 대해 살펴본 후 약관의 명시의무와 교부의무, 설명의무, 이용자의 개인정보 보호의무 등 온라인 사업자의 각종 의무, 약관규제법, 전자거래법, 정보통신망법 등 주요 강행법규 위반에 대한 효과 및 온라인 예술품 경매약관의 체계적인 검토를 통하여 온라인 예술품 경매와 관련된 특수한 법률문제들에 대해 자세히 정리해 볼 것이다.

제2장

예술품 경매시장과 문제점

1 예술시장 현황

1.1 유통구조

우리나라의 예술품 거래는 주로 갤러리나 경매 등을 중심으로 이루어져 왔다.[11] 또한 아트페어가 활성화되면서 직거래할 수 있는 새로운 거래 창구도 만들어졌다. 아트페어는 여러 갤러리가 일정한 장소에 모여 각자의 부스에 작품을 설치하고 구매자[12]들과 작품을 거래

11 미술관과 갤러리(화랑)의 가장 큰 차이점은 작품 판매 여부인데, 쉽게 말해 비영리기관인 미술관은 영리 목적의 작품 판매는 하지 않고 주로 입장권 판매와 제한적인 대관 활동 등을 통해 운영비를 조달하는 반면, 영리 기관인 갤러리(화랑)는 작품의 판매를 통해 이윤을 창출하며 전시 관람에 따로 입장료를 부과하지 않는다. 자세한 내용은 제3장 경매의 절차 및 당사자의 법적 지위, 2. 거래의 당사자, 2.4. 낙찰자 참고.

12 여기서 말하는 구매자는 일반 고객, 미술 관계자, 작가를 불문하고 소정의 대가를 지급 후 작품의 소유권을 이전받는 모든 경우를 통칭한다.

하는 형태이다. 하지만 최근 들어 화랑을 통하지 않고 작가들이 직접 참여하여 작품을 거래하는 아트페어도 개최되고 있다. 젊은 작품 구매자들의 증가는 온라인을 통한 작품 구매의 증가를 만들었고, 온라인을 통한 예술품 유통은 예술시장의 새로운 창구가 될 것으로 전망된다. 최근 예술품 유통의 판매자들은 디지털화된 인터넷 매체의 융합으로 작품 소장자들의 생활양식 변화에 맞추어 예술품 거래와 마케팅 체계를 다양하게 모색하고 전환을 시도하는 실정이다.[13]

1.2 전문 예술품 경매회사

예술작품의 가치는 작품의 미적 수준과 참신함 그리고 희소성에 의해 결정된다. 또한 작품의 크기나 재료, 작가의 유명세나 작고(作故) 여부, 그리고 주요 전시경력 및 소장기록 등도 작품의 가치를 결정하는 요소이다. 예술작품의 수요 역시 작품의 심미적 아름다움과 작가 정신에 대한 공감, 투자효과에 대한 기대, 고가의 작품을 소장하고 있다는 과시욕, 과세당국으로부터 자본이득을 숨기려는 의도, 그리고 사회적 지위에 대한 욕망 등 다양한 동기를 바탕으로 하고 있다.[14]

예술작품의 이러한 주관적·심미적 가치는 예술시장에서 거래를 통해 객관적·금전적 가치로 전환된다. 예술시장은 예술품이 최초로

13 이미희, 〈국내 미술품 온라인 유통의 현황과 전망〉(석사학위 논문, 동국대학교, 2016), 28-29쪽.

14 손보미, 〈감정실패에 대한 미술경매회사의 민형사상 책임〉(석사학위 논문, 고려대학교, 2014), 3쪽.

거래되는 1차 시장과 이미 한 번 거래된 예술품의 재거래가 이루어지는 2차 시장으로 구분할 수 있다. 1차 시장의 대표적인 형태는 갤러리가 재능 있는 작가와 전속계약을 맺고 체계적 홍보와 관리를 통해 소장자에게 작품을 거래하는 것이다. 하지만 기존 거래 이력이 없는 작품에 합리적 가격을 책정하기란 어려운 점이 있고, 갤러리들은 작품의 거래가 부진하더라도 소위 작가의 '몸값'을 계속해서 올리려는 경향이 있으므로 거래가 현실을 반영하기에는 한계가 있다. 따라서 화랑의 가격 책정 방식에 대한 불신이 커지고 투명한 정보공개에 대한 요구가 커지게 되었다. 또한 생존하는 작가 위주의 동시대 예술품을 빠르게 순환시키려는 새로운 취향의 투자가형 컬렉터들이 등장하면서 갤러리와 비교해 높은 환금성을 보장하고 가격 정보와 거래 전반의 절차를 공개하는 예술품 전문 경매회사가 크게 성장하게 되었다.[15]

전문 예술품 경매회사는 소장자에게 작품을 위탁받아 감정 전문가(스페셜리스트)들을 통해 작품의 가치 및 시장성을 자세히 고려하여 추정가를 정한 후, 다수의 잠재적 구매자들의 공정한 입찰경쟁을 통하여 가장 높은 가격을 제시한 구매자에게 작품을 중개한다. 이러한 방식은 작품 거래가 제한된 수요층에 국한되었던 기존 화랑의 작품 판매 방식과는 달리 일반 소비자들에게 예술시장의 진입장벽을 낮추고 보다 객관적이고 합리적인 시장가격을 도출할 여지가 크다고 평가된다.[16]

15 정윤아·박일호, 〈미술품 경매의 역할 증대에 따른 문제점에 관한 고찰〉, 《기초조형학연구》(한국기초조형학회) 제14권, 제3호(2013), 300-304쪽.

16 손보미, 앞의 논문, 4쪽.

하지만 전문 예술품 경매회사의 경매 시스템을 통해 음성적 예술 거래가 양성화되고, 자유시장 논리를 따르는 공정하고 투명한 경쟁이 펼쳐질 것이라는 낙관적 전망과는 반대로 불안정하고 비합리적인 요소 또한 존재한다. 경매 절차에서 정보 불균형 등으로 인해서 거래가 왜곡될 가능성이 존재하고, 경매가 활성화된다는 점을 과시하거나 가격 상승을 위한 다양한 경매 전술(tactic)들이 개입된다. 또한 지급능력이나 사회적 지위 과시 등을 이용한 다양한 경쟁 심리와 욕망이 결합하여 비합리적 가격이 도출되기도 한다. 이러한 현상을 소위 '응찰자의 저주(bidder's curse)'라고 부르는데, 경매에 참여하는 응찰자들이 경쟁에 너무 몰두한 나머지 대상 물건의 진정한 가치를 넘어서는 최종 낙찰가로 낙찰받게 되는 것이다.[17] 다시 말해, 경매 참여자들은 정보의 불확실성 때문에 해당 재화의 적정가치를 모르고 더 높은 가격을 지급하는 경향이 있고, 응찰자들이 재화에 대해 측정한 추정치의 평균값이 재화의 진정한 가치와 같더라도 우연적 요소를 포함하여 최고가를 제시한 경매 참여자가 승자가 되기 때문에 경매의 승자는 손해를 본다는 것이 일반적이라고 설명한다.[18]

18세기 유럽에서 본격화되기 시작한 예술품 경매는 초기의 소규모 개인 컬렉션에서 벗어나 점차 대중화되어 갔다. 이는 예술품의 거래를 촉진하게 하는 기회가 되었고, 주요 비평적 지식이 생겨나는 계기가 되었다. 이러한 역사는 오늘날 소더비, 크리스티와 같은

17 Ulrike Malmendier, Young Han Lee, *The Bidder's Curse*, 101(2) AM. Econ. Rev. 749, 749-787 (2011).

18 도널드 톰슨, 《은밀한 갤러리—현대미술을 움직이는 작가와 경매, 갤러리의 르포르타주》, 김민주·송희령 옮김(리더스북, 2010), 308-313쪽.

대형 전문 예술품 경매회사들을 탄생하게 하였고, 이들은 전 세계의 네트워크를 연결하고 있다.[19] 최근에는 중국이나 인도 등 아시아 시장이 급속도로 성장하면서 크리스티와 소더비가 양분하고 있던 세계 예술시장에 새로운 전문 예술품 경매회사들이 나타나기 시작하였고 점차 다각화되고 있다. 이러한 신흥시장의 발전과 경제회복에 힘입은 세계 예술시장은 2010년 93억 6천만 달러 규모로 성장하였다.[20]

우리나라 예술시장에서 경매는 1990년대 후반 자리 잡기 시작하였다. 1977년 신세계에서 실시한 경매와 그 이후 단기적인 경매들이 있었지만, 1996년 한국 예술품 경매가 시행한 고미술품 경매가 경매의 시초라고 볼 수 있다.[21] 이후 1998년에 예술품 경매 전문 회사인 (주)서울옥션의 설립은 본격적인 예술품 경매를 시작하게 하였고, 2005년 케이옥션이 설립되어 우리나라 예술품 경매 분야는 경쟁 구도를 갖추게 되었다.[22] 최근 예술시장이 발전하면서 우리나라 전문 예술품 경매회사들이 뉴욕, 홍콩 등 세계시장으로 진출하여 우리나라 예술품 시장은 확대되고 있다. 또한 디자인 경매, 판화 경매 등 경매가 세분되고 전문화되면서 예술시장의 다양화에 이바지하고 있다.[23] 예술품 경매 분야는 거래명세와 정보가 투명하게 공개

19 최병식, 〈한국 미술품 유통의 구조와 개선방안연구—한국과 프랑스의 미술품 경매시장 비교를 중심으로〉, 《한국문화경제연구》(한국문화경제학회) 제5권, 제2호(2002), 47-68쪽.

20 Art price, 2011.

21 최병식, 앞의 논문, 47-68쪽.

22 조현승·김종호, 〈미술품 경매시장에서의 가격 결정요인 분석〉, 《산업조직연구》(한국산업조직학회) 제17권, 제4호(2009), 73-95쪽.

23 박지현·신형덕, 앞의 논문, 791쪽.

되고 다수의 거래 참여자가 존재하기 때문에 예술품의 거래 빈도는 높다. 그리고 1차 시장과 2차 시장에서 만들어진 자의적인 가격체계가 사라져 예술품의 가격파괴가 가능하게 되었다. 나아가 판매자를 중심으로 하는 갤러리 거래와 비교하면 상대적으로 경쟁을 통해 구매자를 중심으로 가격체계를 창출할 수 있다. 따라서 예술품 경매는 예술시장에 보다 객관적이고 투명한 가격 결정 시스템을 도입시키게 되어 이는 곧 예술시장의 신뢰성을 확보하고 예술시장의 대중화와 성장을 가져오는 역할을 한다.[24] 현재 예술품 경매는 상설로 판매되는 방식이 아닌 주로 경매회사를 통해 개인의 소장품 등을 위탁 판매하고자 하는 자를 대상으로 진행하는 방식이다.[25]

1.3 온라인시장

예술시장의 확대는 온라인 예술품 거래의 증가라는 예술시장의 변화를 가져왔다. 온라인 예술품 경매는 1999년 소더비가 시작한 이후 우리나라에서도 온라인 예술품 경매 사이트들이 문을 열게 되었다. 2006년 이후 예술시장의 성장과 함께 인터넷을 통한 온라인 예술품 경매와 예술품 유통 비즈니스가 빠르게 성장하였고 예술시장에서 차지하는 비중 또한 점차 늘어나고 있다.[26] 디지털 매체의 발달

24 조영화, 〈한국 미술품 경매 제도의 현황과 문제점의 개선방안 연구〉, 《현대미술연구소논문집》(경희대학교 현대미술연구소) 제2권(2000), 191-224쪽.

25 백미림, 〈미술품 경매시장 법제화 방안 연구—영국·미국·홍콩의 유관법규 분석을 중심으로〉(석사학위 논문, 홍익대학교, 2016), 6-7쪽.

26 조성룡, 〈온라인 미술품 유통 관련 판매사의 마케팅 전략분석과 소비자 욕구에 관한 연구〉, 《문화예술경영학연구》(한국문화예술경영학회) 제1권(2008), 93-

과 함께 온라인 예술품 경매시장의 성장은 새로운 예술품 유통구조의 확대라는 의미를 가지게 되었다.[27]

온라인 예술품 거래의 활성화는 예술품 소비자의 가치변화에 맞는 현상으로 일반 대중에게 예술품 구매가 편리하게 다가갈 수 있다는 점을 활용하여 많은 실적을 거두고 있다. 고미술품, 문화예술 수집품 그리고 예술품 등의 경매 전문 사이트, 화랑, 예술 전문 쇼핑몰 등이 다양한 마케팅을 전개하고 있다.[28] 시간과 장소의 제약에서 벗어나는 것이 가능한 온라인 경매는 수요자들을 직접적인 참여로 이끈다. 우리나라의 대표적인 온라인 경매회사로 서울옥션과 케이옥션을 들 수 있으며, 이 두 회사는 국내뿐만 아니라 국제시장의 관심을 받고 있다. 경매사들은 지난 경매의 데이터베이스 분석을 통해 주요 작가의 시장정보를 제공하고 시장변동에 대한 이해도를 높이는 역할을 해준다.[29]

최근 예술시장의 확대와 신규 일반 소비자의 등장으로 온라인 구매층이 늘어나는 추세다. 신진 작가나 스포트라이트 밖의 작가들도 온라인상에서 구매 환경을 조성하며 시장진출기회를 만들어가고 있다. 온라인을 통한 시장의 확대는 비상업적이었던 콘텐츠들의 잠재적 수요를 촉발할 수 있는 역할을 할 것으로 전망한다.

우리나라의 온라인 예술품 경매시장은 1990년대 후반부터 시작되었다. 하지만 많은 경매 사이트들이 성공하지 못하고 시장에서 사

126쪽.

27 박지현·신형덕, 앞의 논문, 791쪽.

28 이우채, 〈마케팅적 성공 요인 관점에서 본 미술품 전자상거래분석〉, 《통상정보연구》(한국통상정보학회) 제7권, 제4호(2005), 61-62쪽.

29 이미희, 앞의 논문, 36쪽.

라졌는데, 이러한 시도들은 온라인 예술품 경매시장을 성장시키고 운영 방식에 대해 사고를 전환하는 데 이바지하여 최근에는 그 시장이 급격히 성장하고 있다. 2005년 온라인 경매를 시작한 케이옥션(www.k-auction.com)과 서울옥션(www.seoulauction.com) 그리고 헤럴드아트데이(www.artday.co.kr) 등이 정기적으로 온라인 예술품 경매를 진행하고 있고 대중들의 관심은 지속해서 증가하고 있다.[30]

온라인 예술품 경매는 오프라인 경매와 비교되는 몇 가지 특성이 있다.[31] 오프라인 경매는 한정된 예술품을 제한된 시간에 거래해야 하지만, 온라인 경매는 다양한 예술품을 시간 제약 없이 거래할 수 있다. 또한 온라인 경매는 지리적 제약이 없으므로 오프라인 경매에서 지리적, 시간적 제약 때문에 참여하지 못했던 사람들도 참여할 수 있으며 결과적으로는 더 많은 사람이 경매에 참여할 수 있게 한다. 온라인 예술품 경매는 오프라인 경매보다 거래비용 또한 적게 든다. 이는 오프라인 경매에 들어가는 막대한 홍보비용과 대관비용 등의 부대비용이 온라인 경매에서는 필요하지 않기 때문이다. 또한 오프라인 경매는 정해진 경매 일정에 맞춰 진행되기 때문에 거래가 지연되면 그 시간만큼 거래비용이 더 발생하게 된다. 한편, 온라인 경매 입찰자들은 예술작품을 실제로 보지 못하고 입찰에 참여하기도 한다. 오프라인 입찰자들은 예고 전시를 통해서 예술품을 직접 보고 입찰에 참여하지만, 온라인 경매 입찰자들은 온라인 사이트에 올려져 있는 작품 사진과 전문가들의 평가에 따라 작품을 판단하여

30 박지현·신현덕, 앞의 논문, 791-792쪽.

31 제5장 이하에 상술하겠지만, 온라인 경매회사는 온라인 경매의 특성상 오프라인 경매와는 다르게 통신판매 중개인의 각종 의무를 부담한다.

입찰에 참여한다. 즉, 온라인 예술품 경매는 시간적, 지리적 제약에서 벗어나 많은 사람이 예술품 구매에 쉽게 참여할 수 있도록 하고 있고 이는 예술시장을 확대하고 있다.[32]

온라인상 거래가 활발해짐에 따라 예술품에 대한 수요도 확대되고 있으며 온라인 경매에 선보이는 작품들도 다양해지면서 경매에 참여하는 소비자들이 더 늘어날 것으로 전망되고 있다. 또한 예술품 경매회사에서 예술품 구매가격을 공개하고 유통 가격의 투명화를 추구하고자 한 시도의 결과는 이를 작품 가격의 기준으로 삼는 효과로 이어졌으며, 예술품 경매회사들의 경쟁적이고도 선진화된 마케팅 방식(소장기록의 명확화, 사전 광고, 신뢰할 수 있는 감정 등)은 결국 예술품 경매를 활성화하는 동시에 오늘날 예술시장 확산에 큰 영향을 미치고 있다.[33]

2 예술품 경매

2.1 개념 및 현황

경매(auction)의 어원은 "증가시키다"라는 의미의 라틴어 'augeo'에서 유래되었으며, 가장 고가를 제시하는 사람들의 경쟁을 통해 진행되는 경매원리를 담고 있다. 즉, 경매는 가장 높은 가격을 제시하

32 Eiichiro Kazumori, *Selling Online Versus Offline: Theory and Evidences From Sotheby's*, Proceedings of the ACM Conference on E-commerce, 125-133 (2003).

33 이미희, 앞의 논문, 54쪽.

는 사람에게 물품을 거래하는 공공거래의 방식이다. 경매는 다양한 재화와 서비스의 매매에 사용되어 왔고, 이 중 예술품 경매는 경매회사가 취급하는 다양한 물품 중에서 예술품을 경매 물품으로 하는 것을 뜻한다.[34] 즉, 예술품 경매회사는 예술품을 컬렉터와 갤러리스트,[35] 작가 등으로부터 위탁받아 경매 방식을 통해 작품을 거래하는 곳이다. 경매회사는 위탁뿐만 아니라 회사에서 자체로 산 작품을 거래하기도 하고 갤러리와 마찬가지로 수장고 및 공간대여, 전시, 아트 컨설팅 사업 등을 겸하기도 한다.[36]

예술시장은 갤러리, 아트페어 등이 주를 이루는 1차 예술시장(primary art market), 그리고 경매 시스템이 주를 이루는 2차 예술시장(secondary art market)으로 분류된다. 1차 시장에서는 주로 새로운 예술품이 거래되고, 작가와 소비자를 직접 연결하는 역할을 하기도 한다. 갤러리는 작가들이 예술시장에 진입하는 일차적인 기회를 제공하며 작가들과 직접적인 관계를 형성하고 있으며 예술품이 직접 거래되는 시장을 의미한다. 2차 시장인 경매시장은 기존의 예술품 소장자와 새로운 소장자를 연결해 주는 시장으로 기존의 예술품 소장자가 자신의 예술품을 거래하기도 하고 또 원하는 예술품을 구매하기도 하는 시장이다.[37] 2차 시장인 경매시장은 1차 시장보다 다소 투

34 양현미·김형숙·이학준·주형근·김수정,《한국형 미술품 경매 제도 도입방안 연구》(한국문화정책개발원, 1999), 99-113쪽.

35 김영애,《(예술의 모든 순간에 존재하는) 갤러리스트》(마로니에북스, 2018), 15쪽.

36 〈미술시장실태조사〉(2019).

37 김소연,〈국내미술품 경매 제도의 기능과 활성화 방안 연구〉(석사학위 논문, 홍익대학교, 2010), 8-9쪽.

명한 구조를 지닌다는 측면에서 대중들은 예술품 수집을 위해 1차 시장보다 쉽게 다가갈 수 있다.[38] 하지만 최근에는 1차 시장인 갤러리가 전략적으로 작가의 옛날 작품이나 신작을 경매에 출품하는 때도 있고, 영국의 유명한 작가 데이미언 허스트(Damien Hirst)[39]처럼 직접 본인의 작품을 경매에 출품하여 1차, 2차 시장의 경계를 허문 사례도 있었다. 이처럼 최근 예술산업 내 1차, 2차 시장의 역할이 서로 혼재되어 예술시장의 영역을 명확하게 구분 짓기는 어려운 구조이다.[40]

2.2 경매의 역사

1) 국제 경매

서구 경매 제도의 역사는 고대 로마제국부터 존재했다고 전해져 온다. 로마제국은 정복 전쟁과 영토의 확장을 통해서 많은 물품을 취급하게 되었다. 그 과정에서 경매가 시작되었고 전문 경매사가 존재했다고 전해진다. 당시 낙찰이 성사될 때에는 지금의 경매 망치 대신 창을 땅에 내리찍어 낙찰 소식을 알렸다고 한다. 이는 오늘날 경매봉의 효시라 할 수 있다.[41] 또한, 입찰할 때는 지금의 경매에서 패들을 드는 방식 대신에 입찰자가 윙크하거나 고개를 끄덕이는 방식

38 조영화, 〈한국 미술품 경매 제도의 현황과 문제점의 개선방안 연구〉(석사학위 논문, 경희대학교, 2001), 39-42쪽.

39 이규현,《미술 경매 이야기》(파주: 살림, 2008), 12쪽.

40 방혜정, 〈미술품 경매 서비스 속성에 대한 IPA분석과 구매 의도에 미치는 영향〉(석사학위 논문, 중앙대학교, 2019), 8-9쪽.

41 이학준, 〈세계 미술 경매의 역사〉,《매경이코노미》, 2014년 3월.

으로 진행되었으며, 이때부터 구매 수수료 제도도 시행되었다.[42] 최초 예술품 경매에 관한 기록은 로마 시대에 《박물지(Natural History)》를 저술한 작가 플리니우스(Pliny the Elder)의 자료에서 발견할 수 있었다. 그에 따르면 기원전 146년 로마제국은 그리스와의 전쟁에서 탈취한 예술품과 전리품에 대한 경매를 개최되었다는 기록이 남아 있다. 이러한 역사 기록을 통해 이미 로마 시대부터 다양한 예술품과 전리품들이 경매시장을 통해 매매되었음을 짐작할 수 있다.[43]

프랑스에서는 1254년부터 경매에 대한 역사적 자료를 찾아볼 수 있다.[44] 프랑스 역사 자료에 의하면 13세기에 생 루이(루이 9세) 칙령에 따라 경매 전문 인력을 갖추게 되었고, 1552년 앙리 2세의 칙령에 따라 오늘날 원조가 되는 전문 경매사들이 관료로 임명되었다. 16세기 북유럽인 벨기에 앤트워프에서 열렸던 예술품 경매에는 유럽 각국에서 예술 애호가들과 외교관, 금융자본가, 그리고 사업가 등 유명 인사들이 몰려들어 사교와 비즈니스의 장을 형성하며 국제적인 행사로 자리매김되기도 하였다. 이처럼 당시 예술품 경매시장은 외교 및 사업의 중심 무대로서의 기능을 하기도 하였다.[45] 16세기 말 이후 네덜란드 암스테르담에서는 예술품 경매가 유행하였으며, 가장 높은 가격을 시작가로 하여 매도자가 가격을 내리다가 희망 매수자가 나오면 최초의 희망 매수자에게 매도하는 방식의 경매

42 방혜정, 앞의 논문, 10쪽.

43 하계훈, 〈 미술시장의 발달사〉, http://www.daljin.com/?WS=33&BC=cv&CNO=354&DNO=4425(최종방문 2020. 12. 26.).

44 문중연, 〈한국 미술시장을 위한 미술품 경매의 운영에 관한 연구〉(석사학위 논문, 홍익대학교, 2004), 10쪽.

45 하계훈, 앞의 글.

가 진행되었다. 이러한 방식을 역경매 또는 네덜란드식 경매(dutch auction)[46]라고 한다.

1744년 영국에서도 경매가 성행하기 시작하였고, 새뮤얼 베이커(Samuel Baker)의 소더비가 최초로 골동품, 서적 등의 경매를 시작하였다. 이후 1788년에 창업주가 사망하자 존 소더비가 이어 운영하였고, 1750년 소더비는 몰락한 유럽 귀족들이 소장품을 내다 팔면서 이름을 알리기 시작했다. 또한, 1766년 제임스 크리스티는 크리스티라는 예술품 경매를 본격적으로 시작하였고, 현재 소더비와 크리스티는 세계 예술품 경매시장의 85% 이상을 장악하고 있다.[47] 현재는 영국뿐 아니라 홍콩, 파리, 뉴욕, LA 등지에 지부를 설립해 세계 각지에서 경매를 시행하고 있다. 경매는 주로 진행되는 자국 작가들의 작품이 거래되고 세계적으로 유명 작가의 작품은 장소를 가리지 않고 거래되고 있다.[48]

소더비가 먼저 경매회사를 설립하였지만, 크리스티가 예술품 경매를 전문적으로 시작하였으며, 이후 다양한 예술품 경매업체가 등장하였다. 뉴욕을 기반으로 하는 글로벌 미술 매체인 '아트넷(Artnet)'에는 600여 곳의 세계 예술품 경매업체가 등록되어 있다. 2019년 미술시장실태조사 자료에 따르면 14,150개의 전문 예술품 경매회사가 전 세계적으로 운영 중이다. 오랜 역사를 가진 경매회사

---

46 고영우, 〈경매 이론과 현실 적용 사례〉, 《산업조직연구》(한국산업조직학회) 제26권, 제4호(2018), 117쪽.

47 Art price, 2019.

48 남윤오, 〈온라인 미술품 경매 시스템에 대한 연구—미술품 경매의 역사 및 사례 연구와 온라인 미술품 경매 시스템의 설계 및 구현〉(박사학위 논문, 한세대학교, 2008), 5쪽.

에서는 예술품뿐만 아니라 보석, 와인, 가구, 명품, 자동차 등도 경매를 한다. 이러한 고가의 물건과 함께 그릇, 장난감, 장식품 등 다양한 물품들이 경매시장에서 거래되고 있다. 우리나라 경매업체도 예술품, 아트 토이, 빈티지, 앤틱 가구, 스니커즈, 오디오, 등 최근 다양한 판매의 카테고리를 선보이고 있다. 경매 진행 종류에는 메이저 경매, 온라인 경매, 프라이빗 세일, 애프터 세일, 데이 세일, 이브닝 세일, 하우스 세일 등 다양한 방식이 있다.[49]

2) 국내 경매

해방 이후의 빠른 근대화에 발맞춰 예술계 역시 현대화의 바람이 유입되기 시작하였는데,[50] 1971년에 한국 고미술상 중앙회가 개최한 것이 우리나라 최초의 현대적인 예술품 경매이다. 그 후 1979년 신세계 미술관에서 예술품 경매를 시작하였다. 하지만 1981년 3회전을 마지막으로 중단되었다. 1984년 송원화랑에서 열린 경매는 고미술 중앙회와 신세계 미술관의 실패를 보완하여 경매약관을 도입하고 회원제를 시행하였지만 일반 화랑(갤러리)에서 거래하는 가격과 별다른 차이점이 없었기 때문에 지속적인 거래가 이루어지지 못하였다. 특히 송원화랑 경매에서 화랑은 자유로운 경매를 배제하여 기존 시장가격이 견고해지는 부작용이 발생하기도 하였다.[51] 같은 해에 장한평 고미술상에서 일회성 경매인 고미술품 교환경매전이

---

49 〈미술시장실태조사〉(2019).

50 권현진, 〈하이크로마와 스푸마 효과를 이용한 추상표현의 실험과 미디어 활용 제작 연구〉(박사학위 논문, 홍익대학교, 2016), 48쪽.

51 박미주, 〈국내 미술시장의 중장기적 활성화 방안 연구—미술품 경매시장을 중심으로〉(석사학위 논문, 동국대학교, 2013), 4쪽.

개최되었으며, 이는 당시 긍정적 평가를 받았다고 기록되어 있다.[52] 1987년부터 1995년까지는 하나로 미술관에서 정기경매를 약 200회 이상 실시해 왔으나 눈에 띄는 성과는 거두지 못하였다. 1987년 12월 제1회 교환경매전은 가장 공신력 있는 한국화랑협회에서 개최한 최초의 경매였지만, 화랑만 참여 가능하였기 때문에 작품 교환 행사에 더 가까웠다. 1989년 12월에는 한국화랑협회와 MBC에서 우리나라 최초로 일회성 TV 경매를 진행하기도 하였으며, 전화응찰도 가능하였다. 당시 모든 작품이 거래되었고 총 낙찰가 1억 원대를 달성하기도 하였다. 1996년 3월에는 한국미술품경매주식회사가 설립되었지만 1998년 IMF의 영향으로 7회 차까지만 진행하고 중단되었다.[53]

1998년 가나화랑(현 가나아트센터)의 주최로 시작된 아트마켓의 경매가 1999년 서울경매(주)라는 독립법인체로 출범하게 되었고 2001년 (주)서울옥션으로 상호를 변경하여 현재까지의 우리 예술품 경매의 역사를 이어오고 있다.[54] 또한 2005년 11월에는 갤러리현대의 주도로 설립된 케이옥션의 출범으로 국내 예술품 경매업계가 경쟁체제로 바뀌면서 예술시장의 거래 정보는 점차 공개되기 시작하였다.[55] 2005년 말부터는 예술에 대한 대중들의 문화 의식의 변화와 부동산시장의 강한 규제 흐름과 함께 유동자금이 예술품 시장에 유입되기 시작하여 예술시장이 호황기를 맞이하게 되면서 많은

52 김정임, 〈미술작품의 유통환경 개선을 위한 전시시스템 경영전략 연구〉(박사학위 논문, 중앙대학교, 2007), 31쪽.

53 방혜정, 앞의 논문, 15-16쪽.

54 조현승·김종호, 앞의 논문, 73-95쪽.

55 김정임, 앞의 논문, 31쪽.

예술품 경매회사가 설립되었다. 2006년에 다양한 전시가 진행되고, 작품 거래율도 높아짐에 따라 예술시장은 활성화되었다. 하지만 증권시장과 부동산시장에서 흘러온 자본이 예술시장에 쏟아지면서 투자와 투기가 혼재하였고 당시 네이버에 '미술 투자클럽'이라는 카페에서는 2만 명이 넘는 회원들이 활동하기도 하였다.[56] 그러나 2008년 미국발 금융 위기인 리먼 브러더스(Lehman Brothers) 사태 이후 예술품 경매시장은 내림세에 들어서게 되면서 많은 경매회사가 사라지게 되었다. 현재에는 서울옥션과 케이옥션이 우리나라 예술품 경매의 91% 이상을 장악하고 있다.[57]

2.3 경매의 특징

예술품 경매 서비스를 통한 거래는 화랑(갤러리)에서의 거래되는 일반적인 거래와는 다른 특징을 가지고 있다. 예술품의 가격은 다른 경매 물품과 달리 미적 가치에 따라 결정된다. 예술품의 미적 가치는 시장에서 가격으로 나타나며 이 가격은 주관적으로 결정된다는 특징이 있다. 그러므로 예술품에 대한 미적 가치와 가격 결정방식에 대한 불신 해소가 필요하다.[58] 경매를 통해 판매된 가격은 예술품 가치에 대한 불확실성을 감소시킨다. 경매 제도의 가장 큰 장점은 폐쇄적인 구조를 가진 화랑(갤러리) 중심의 예술시장과 달리 누구나 참

56 서진수, 〈한국 미술시장과 경기변동—2005-2009년 미술시장을 중심으로〉, 《현대미술학 논문집》(현대미술학회) 제13권(2009), 295-297쪽.

57 〈미술시장실태조사〉(2019).

58 정윤아·박일호, 앞의 논문, 299-311쪽.

여 가능한 열린 시장이라는 점이다.[59] 감정을 통한 합리적인 가격과 작품의 신뢰성을 갖추고 있으므로 위작 출품의 논란이 발생할 여지가 적고 대중들에게 공개된 시장이기 때문에 진품 여부에 관해서도 확인이 가능하다. 무엇보다도 경매의 큰 장점은 소비자들이 작품의 값을 선택하는 주체가 된다는 사실이다. 화랑(갤러리)에서는 화상과 작가가 값을 결정하게 되지만 예술품 경매에서는 추정가를 기준으로 경매의 시작 가격만 정해놓은 후 낙찰되는 가격은 응찰자들의 공개적이고 자유로운 경쟁으로 정해진다. 또한, 경매 이후에는 가격정보가 공개되기 때문에 누구나 원하면 예술품 가격에 대한 누적된 가격기록을 쉽게 얻을 수 있게 되었다.

온라인 경매는 전자상거래 방식으로 사이버 거래 장소를 제공하며 시간과 장소의 제약에서 벗어나 구매자들의 직접적인 참여를 유도한다. 또한 온라인 경매 서비스는 예전 경매의 데이터베이스를 반영하고 주요 작가의 시장정보나 시장변동에 대한 이해도를 높이는 역할을 하기도 한다. 하지만 예술품 구매자들은 고가의 작품을 인지도 있는 화랑이나 예술상을 통해 구매하려는 경향이 강하기 때문에 온라인으로 판매되는 예술품의 가격대는 낮은 편에 속하기도 한다.

지금까지 온라인 예술품 경매시장의 다양한 시도들과 기존의 경매 운영 방식과 시스템에 대한 사고의 전환으로 최근 온라인 경매시장이 급격히 성장하는 추세이다. 아직 온라인 경매가 차지하는 비중이 크지는 않지만 꾸준한 성장세를 보인다. 2016년 세계 온라인 예

59 김순임·이영대, 〈미술품의 경매와 가격 지수에 대한 조사 연구〉, 《The Journal of the Convergence on Culture Technology(JCCT)》(국제문화기술진흥원) 제1권, 제2호(2015), 37-44쪽.

술시장의 규모는 49억 달러(한화 약 5조 원)에 달했고, 2018년 UBS와 아트 바젤이 발간한 예술시장 보고서에 따르면 2017년에 한 해 동안 온라인으로 거래된 예술품은 54억 달러(한화 약 6조 원)로 세계 예술시장 거래액의 8.5%를 차지하였다.[60]

3 예술품 경매의 문제점

3.1 감정 문제[61]

전문 예술품 경매회사는 능력 있는 감정전문가(스페셜리스트)를 고용하여 위탁받은 작품의 사실여부 및 미적, 경제적 가치를 산정한다. 이는 경매 전반에 걸쳐 계속해서 작동하는데, 우선 작품 위탁 단계에서는 물품에 대한 대략적인 감정을 통해 어느 정도의 선별 작업 및 등급화 과정이 이루어지게 된다. 작품 위탁자는 작품이 높은 가격에 판매되어 투자원금에 대한 회수가 이루어지기를 바라고 전문 예술품 경매회사 역시 낙찰가격에 상응한 경매 진행 수수료를 징수하기 때문에 감정을 통해 경매를 성공적으로 이끄는 것은 모두에게 매우 중요할 것이다. 경매 출품이 최종 확정되면 스페셜리스트들은 작품의 희소성이나 그 출처 등을 꼼꼼히 평가하여 위탁 작품의 예

60 방혜정, 앞의 논문, 18-20쪽.

61 기망의 의도로 작품의 진위나 가치에 대해 허위진술을 하는 감정사기는 이를 믿은 시민들의 신뢰를 손상함으로써 시장의 통합성(integrity)을 해치고 거래비용을 증가시킨다. *R v. Ivan Liberto and Pamela Yvonne Liberto*, [2008] VCC 1372.

상 낙찰가격 범위인 소위 추정가(estimate value)를 산정한다. 예술품에 대한 전문성이 상대적으로 부족할 수밖에 없는 일반 고객들은 이 가격대를 기초로 하여 경매 참가 여부 및 대략적인 응찰 가격의 범위(하한선과 상한선)를 결정하는데, 작품은 경매 진행 중 가장 높은 가격을 부른 참가자에게 낙찰된다.[62] 나아가 이러한 예술품 경매 가격들의 기록은 차곡차곡 쌓여 특정 작가의 작품 가격을 형성하게 됨은 물론 예술작품에 대한 양도소득세 및 상속·증여세의 과세에서도 이러한 예술품 경매의 최종 낙찰가격이 과세 표준으로 활용되며, 최근 동산담보대출 제도의 시행과 함께 주목받는 예술품 담보대출에서 예술작품의 담보 가치 산정을 위해 전문 예술품 경매회사의 추정가 또는 최근 낙찰기록을 참고하기도 한다.[63]

작품의 감정에는 진위를 살피는 진위감정(authentication)과 추정가를 산정하는 가치감정(valuation)이 있는데, 이는 서로 연관되어 있으며 동시에 이루어진다. 여기에는 작품의 작가 및 시대에 대한 폭넓은 이해, 소장 이력이나 전시경력 등에 대한 자료 수집과 관련 전문가의 활발한 의견 교환을 통하여 다각도의 분석이 이루어진다. 감정의 방식으로는 감정인의 주관적 경험과 지식, 직관에 기초하여 작품을 살피는 안목감정(stylistic appraisal)과 객관적이고 기술적인 분석방법을 이용한 과학감정(scientific appraisal)이 있다. 안목 감정은 화풍과 그 변천사, 표현의 기법, 사용된 재료, 특징적인 질감 등 상세하고 구

62 Jianping Mei, Michael Moses, *Vested Interest and Biased Price Estimates: Evidence from An Auction Market*, 60(50) The Journal of Finance, 25-60 (2005).

63 조신숙, 〈한국 미술품 경매의 활성화를 위한 미술품 감정 연구〉(석사학위 논문, 단국대학교, 2010), 10쪽.

체적으로 분석하는 방식으로 진행된다. 과학감정은 X-Ray나 자외선 투시 등의 방법으로 평가 대상 예술작품의 뒷면 확인, 방사성 탄소연대 측정 등의 방법에 따른 제작시기 추정 및 사용 재료에 대한 성분분석을 뜻한다.[64] 법원은 이와 같은 과학감정에 의한 검사 결과는 해당 예술작품이 진품이라는 적극적인 증거라기보다는 단지 해당 예술작품이 위조품이 아니라는 정도의 소극적인 증거로서 더욱 적절하다고 판단한 바 있다.[65] 이 밖에도 육안을 통한 비교나 서체의 확인 등을 통한 서명 감정, 특정 작품의 출처 및 그 소장 경위에 대한 추적을 통하여 해당 작품의 사실여부를 판단하는 출처 감정이 있다.[66]

일반적으로 예술품 거래 절차에서는 거래 대상 예술품의 진위나 가격의 결정을 위한 예술품 감정이 수반되는데, 현재 국내 예술계에는 전통적으로 예술품 거래가 활발히 이루어져 온 해외 주요 국가들에 대해 상대적으로 공신력 있는 예술품 감정 기구의 부재와 공식 전문 예술품 감정 인력의 부족으로 인하여 감정 결과에 대한 신뢰도가 낮은 편이고, 감정 기준이나 감정인의 의무사항, 윤리지침 등을 정하는 제도적 장치 역시 아직은 미흡한 편이어서 예술품과 관련된 분쟁이 발생하여도 예술품 감정인에 대한 책임을 묻기가 쉽지 않은 것이 현실이다.[67]

---

64 임승택, 〈문화예술의 상업성 및 법률적 제 문제—미술품의 거래 및 위작미술품을 중심으로〉(석사학위 논문, 홍익대학교, 2011), 102-106쪽.

65 서울중앙지방법원 2009. 11. 4 선고 2008가합7265 판결.

66 임승택, 앞의 논문, 104-106쪽.

67 황희윤, 〈미술품거래의 법 구조와 매수인 구제를 위한 법리〉(석사학위 논문, 고려대학교, 2010), 92쪽.

예술품 감정인에 대한 법적 책임의 근거로는 일단 계약상 책임을 들 수 있다. 예술품 감정에 대한 용역계약을 체결하였다면 감정용역 계약상 명시된 내용을 위반한 경우 계약의 해제 및 손해배상 요구가 가능하지만, 통상적으로 계약내용에는 감정인의 면책범위를 넓게 정하는바, 감정인에 대한 책임을 지우기는 쉽지 않을 것이다. 한편, 계약상 책임 외에도 감정인의 불법행위에 기한 책임을 물을 수 있을 것인데, 감정인이 자신의 감정 행위로 인한 타인의 손해를 인지하였거나 과실로 알지 못한 채로 감정을 하여 예술품 소유자 등 타인의 손해를 초래한 경우, 감정인은 민법 제750조[68]에 기해 그 손해를 배상할 책임이 있다. 예술품 감정인에 대한 불법행위 책임의 판단 시 감정인의 직업상 예견되는 통상적인 주의의무의 정도 역시 중요한 기준이 된다. 그 밖에도 예술품 감정인의 예술품 감정 행위로 인하여 해당 작품의 소유자 혹은 기타 관계자 등의 명예가 훼손된 경우 민법 제750조상의 손해배상책임의 대상이 되며 이와 함께 또는 이에 갈음하여 민법 제764조[69]에서 규정하는 명예회복에 필요한 적의처분을 구할 수 있다.

3.2 위작 문제[70]

예술작품의 진위에 대한 소위 진본성(authenticity) 개념은 명확하게

68 민법 제750조(불법행위의 내용).

69 민법 제764조(명예훼손의 경우의 특칙); 민법 제764조(1958. 2. 22. 법률 제471호)의 "명예회복에 적당한 처분"에 사죄광고를 포함하는 것은 헌법에 위반된다. 헌법재판소 1991. 4. 1 자 89헌마160 결정.

70 피해자의 범위는 작품을 구매한 소비자에 국한되지 않는다. 미국에서는 소장한

정의하기 매우 어렵다. 일단 최협의의 위조품으로, 진품으로 속이려는 의도로 예술작품을 위조, 변경하거나 작가의 서명을 위조한 예도 있다.[71] 진본성에 대한 개념은 오랫동안 매우 융통성 있고 다양한 해석이 존재한다.[72] 예를 들어, 렘브란트(Rembrant Harmensz Van Rijn)나 루벤스(Peter Paul Rubens) 등의 작가들은 제자나 조수들이 그려놓은 기본 바탕 위에 섬세한 부분을 자신들이 덧칠하고 서명하는 방식으로 최종 작품을 완성하였다. 이럴 때 작가가 해당 예술작품의 본질적인 부분을 모두 직접 그렸다고 할 수 있는지 판단하기 어렵고 해당 진품 작가(원작자)의 주도 혹은 지휘하에 이루어진 작업이었다는 점에서 통상적인 위작과는 근본적인 차이가 있다. 예를 들어 대표적인 초현실주의 작가인 살바도르 달리(Salvador Dali)의 경우 판화의 제작 시 미리 다수의 판화용지에 서명 후 판화 제작자에게 제작을 일임하여 결과적으로 판화 위조 및 에디션(발행 부수) 조작 시비가 매우 빈번하였다.[73] 예술품에 유명 작가의 서명을 위조해 넣으면 사기죄 외에 사인위조죄의 처벌을 받을 수 있고, 진품 감정서 등에 작가나 공신력 있는 감정기관의 서명을 위조한 때에도 본 죄의 죄책을 진다. 우리나라에서 청전 이상범의 '추경산수화' 등 위조예술품을

예술품을 박물관에 기부하고 소득공제를 받는 경우가 많은데, 위작을 허위로 실제보다 높은 가치로 평가하여 소득공제를 해준다면 일반 납세자들과 국가는 손실을 보게 된다. Lawrence Scott Bauman, *Legal Control of the Fabrication and Marketing of Fake Paintings*, 24 Stan. L. Rev. 930, 941 (1972).

71 Michael J. Clark, *The Perfect Fake: Creativity, Forgery, Art and the Law*, 15 DePaul-LCA J. Art & Ent. L.1. (2004).

72 Leonard D. DuBoff, Christy A. King, Michael D. Murray, *Art Law in a Nutshell*, 5th ed. (St. Paul: West Academic Publishing, 2016), 59.

73 이상정, 《미술과 법》, 제2판(세창출판사, 2016), 114-119쪽.

판 혐의로 구속기소가 된 피고인에게 법원은 동종의 전과가 있고 위조 수법이 교묘하다며 사기죄 및 사인위조죄를 적용, 징역 3년을 선고하고 작업용 도구와 위조예술품 3점을 몰수한 예가 있다.[74]

한편 파격적인 일부 현대예술은 진품과 위작 사이의 구분을 힘들게 만들며, 오히려 작품의 독창성보다는 의도적으로 모방성을 강조하는 예도 있다.[75] 마르셀 뒤샹(Marcel Duchamp)은 공산품인 일반 남성용 소변기에 자신이 사인하여 〈샘(Fountain)〉이라는 작품명으로 전시하였고, 앤디 워홀(Andy Warhol)은 대량의 실크스크린 작품을 제작하면서 대중들이 어떤 것이 진품이고 어떤 것이 위조품인지 구분을 못 하게 된다면 매우 흥미로울 것이라는 취지의 발언을 하기도 하였다. 나아가, 데이미언 허스트가 상어 박제로 이루어진 설치작품을 제작할 때나 스핀 페인팅(spin painting)과 스팟 페인팅(spot painting)을 제작할 때에 작품에 대한 아이디어 및 제작의 방향을 제시할 뿐 정작 작품 제작은 허스트의 조수들이 진행하는데, 허스트는 완성된 작품에 최종적으로 사인으로 마무리하는 제작 방식은 더는 우리가 생각하는 전통적인 진품 개념이 같게 적용되기 어려움을 보여준다.[76] 이처럼 작품의 진본성은 예술계에 전해 내려오는 고유한 관습이나 작가, 작품에 따른 다양한 제작 방법, 작품 감정이 지닌 불확실한 특성 등을 고려하여 최대한 융통성 있게 반영되어야 할 것이다.[77]

---

74 《한국일보》, 〈[법원] 고서화위조 고미술협 전회장 석방〉, 1999년 7월 9일, https://www.hankookilbo.com/News/Read/199907090060216924(최종방문 2020. 12. 26.).

75 이상돈, 《미술비평과 법》(파주: 법문사, 2013), 146-152쪽.

76 톰슨, 앞의 책, 83-106쪽.

77 남궁술, 〈미술품의 진본성(authenticity)에 관한 프랑스의 사법적 기준—매수인

전문 예술품 경매회사들은 통상적으로 예술품 경매를 기획할 때마다 고객 대부분이 큰 관심을 가질 만한 고가 혹은 유명 작가의 작품으로 구성된 하이라이트 순서를 준비하는 경향이 있다.[78] 예술품 시장의 특성상 작가가 작고한 후에 작품의 가격이 크게 상승하는 경향이 있기에 이러한 하이라이트 경매는 일반적으로 작고 작가들의 유작으로 구성되곤 하는데, 이는 곧 정작 해당 작품들의 진품 여부의 확인이 가능한 작가 본인이 없는 상태이기에 차선책으로 해당 작가의 유족들을 통해 작품의 사실 여부 확인이 이루어지기도 한다. 하지만 이를 100% 신뢰하기는 힘들고 작가에게 직접 구매하였거나 작가에게 선물로 받았을 때 등 모든 유통 작품들의 진품 여부를 일일이 확인하는 것은 실무상 현실성이 낮다. 외국 작가들의 경우 작가 본인이 자체적으로 전작 도록에 해당하는 이른바 카탈로그 레조네(catalogue raisonné)를 발행하여 모든 작품의 제작연도, 원료, 제작 기법 등을 정리하여 남기고 있고, 우리나라도 주요 단색화 화가들을 중심으로 이러한 전작 도록의 출간이 이루어지는 추세이다. 이러한 전작 도록은 회고적인 성격을 고려하여 작품의 누락 없이 모든 작품을 최대한 정확하고 구체적으로 수록하는 것이 중요할 것이고, 결과

의 착오를 중심으로〉, 《민사법이론과 실무》(민사법이론과 실무학회) 제14권, 제1호(2010), 164-171쪽.

78 만약 전문 예술품 경매회사 측이 경매에 위탁된 작품이 위작이라는 점을 알면서 기망의 의도를 가지고 위탁 거래자 등과 공모하여 위작을 경매에 부쳤다는 사실이 증명된다면 사기죄의 책임을 물을 수 있을 것이다. 공범 관계에서 공범은 2인 이상이 공모하여 범죄에 공동가공하여 범죄를 실현하려는 의사의 결합만 있으면 되는 것으로, 비록 전체의 모의 과정이 없더라도 수인 사이에 순차적으로 또는 암묵적으로 상통하여 의사의 결합이 이루어지면 성립한다. 대법원 1997. 9. 12 선고 97도1706 판결.

적으로는 여기에 수록되어 있는지에 따라 해당 거래 작품의 진위 판정에 기본적인 판단 기준이 될 것이다. 전문 예술품 경매회사에서는 이러한 전작 도록은 물론 다양한 방법을 통해 판매 작품이 위조품으로 밝혀지는 경우 일정한 기간과 조건에 충족되는 경우 해당 고객에게 대금을 환급해 주지만, 일반인으로서 위조품을 적발하기는 힘들고 예술품 경매회사에서 정해놓은 일정한 기간과 조건 내에 위조품임을 밝혀서 환급을 요구하는 것 자체가 힘든 점을 고려한다면, 경매회사의 약관만으로 거래의 신뢰를 담보하기는 힘들다.[79]

우리나라의 불완전한 감정제도 역시 예술품 거래상의 진위 논란에 큰 도움이 되지 않고 있는데, 이해당사자인 화랑협회 회원들이 논란이 되는 해당 예술품의 감정위원으로 참여하는 과거의 감정제도하에서는, 제삼자의 시선으로 볼 때 당연히 직간접적으로 이해관계가 있는 화랑 운영자(화랑협회 임원 혹은 회원)가 감정위원으로 참여한 감정평가 결과의 공정성에 합리적인 의구심 및 문제를 제기하기에 충분할 것이다.[80] 나아가, 향후 예술품 감정과 관련된 각종 전문교육 및 전문가의 체계적인 양성이 이루어지지 못한다면 예술품 거래 시 작품의 진위에 대해 분쟁이 빈발할 여지가 있다. 지금과 같이 진위에 대한 논쟁에서 부자연스러운 상태에서는 어떠한 예술품 경매회사에서 원작이라고 낙찰받은 작품을 다른 전문 예술품 경매회사에 작품을 위탁할 때마다 재감정을 받는 불필요한 사회적 비용의 낭비가 예상되고 이러한 불필요한 비용 지출로 인하여 예술품 경매시장 활성화의 저해는 물론, 유통되는 예술품의 신뢰 저하로 이어지

79 남윤오, 앞의 논문, 26-27쪽.

80 위의 논문, 27쪽.

게 되어 결국 전체적인 예술 유통에 부정적인 영향을 끼치는 등 여러 부작용을 수반하게 된다.[81]

사실 예술작품의 진위에 관한 문제는 우리나라에 국한된 문제가 아니며, 예술품 유통시장이 훨씬 먼저부터 이루어진 유럽, 미국 등은 이미 예전부터 큰 어려움을 겪어왔다.[82] 과거 유럽 역시 위조 작품에 대한 문제점을 진지하게 생각하지는 않았고 매매업자가 한 점이라도 더 만들어 큰 수익을 내는 것이 당연하였기에 크게 문제시되지는 않았다.[83] 당시 유럽은 일반적인 위조품뿐 아니라 작가 지망생이 공부를 위해 앞 세대 작가의 작품을 똑같이 모사한 유명 작품의 모사품 역시 많았다. 1976년 영국 크리스티 경매에 네덜란드 작가 빌럼 판 더 펠더(Willem Van de Velde)의 원본 작품과 19세기의 영국 작가 윌리엄 터너(Joseph Mallord William Turner)가 작가 지망생 시절 이 작품을 똑같이 모사한 터너의 모사본이 동시에 같은 경매에 출품되었는데 모사본이지만 당시 터너의 명성이 더 높았기 때문에 오히려 터너의 모사본이 진품보다 5배가량 높은 가격에 낙찰되는 기현상이 벌어지기도 한다.[84] 역설적이지만, 이처럼 고전 예술작품의 위작 및

---

81 위의 논문, 28-29쪽.

82 갤러리, 전문 예술품 경매회사 등의 유통업자들은 거래 작품이 차후에 위작으로 드러날 경우를 대비해 보험을 들기도 하는데, 보험계약자가 작품이 위작이라는 점에 대해 악의였다면 이 보험계약은 사기로 인해 무효가 된다. 소장 작품에 대해 진위 시비가 걸리는 것만으로도 작품의 매력과 가치가 급감하기 때문에 피해자들은 재판매를 통한 투자금 회수나 자선단체에의 증여를 통한 세금공제 혜택의 기회를 상실할 것을 두려워하여 형사 조사를 꺼리기도 한다. Bauman, *supra* note, 941.

83 피로시카 도시, 《이 그림은 왜 비쌀까?》, 김정근·조이한 옮김, (웅진씽크빅 웅진지식하우스, 2007), 277-278쪽.

84 남윤오, 앞의 논문, 29-30쪽.

모사본이 세계적으로 방대하게 퍼지게 된 결과로 오늘날 프랑스·영국·미국·일본 등 전통적인 주요 예술품 거래 국가들은 더욱 철저하게 위작에 대비하는 시스템을 갖추게 되어 감정전문가를 양성하는 전문 교육기관 및 시대별·분야별로 전문영역이 나뉜 정부 인증 감정사 자격제도 등의 인프라를 구축하였고, 이들 국가의 예술품 감정 결과는 국제적인 공신력을 지니게 되었다고 볼 여지가 다분하다.[85]

전문 예술품 경매회사는 매수인(낙찰자)과의 관계에서는 독자적 매도인으로서 책임을 지는바, 판매된 작품이 위작으로 판명 난 경우 매수인은 경매회사에 대하여 경매(구매)의 취소나 담보책임을 구할 수 있다.[86] 다만 면책조항이나 각종 기간의 도과로(제척기간 혹은 소멸시효 기간 만료) 인해 매수인의 구제가 곤란해지는 안타까운 상황도 발생 가능한 점을 생각한다면 이러한 기간 준수는 매우 중요한데, 미국, 영국, 독일은 예술품 매매에 일반 매매법상의 기간을 동일하게 준용하고 있으며 스위스는 예술품 매매에는 30년의 특별 기간을 적용한다.[87] 생각건대, 전문 예술품 경매회사의 감정 오류에 단지 엄

85 미국에서는 연방과 주의 사기방지법(antifraud statutes)에서 미술품 위조에 대하여 몇 가지 제재를 두고 있다. 그러나 위작을 유통함으로써 얻을 수 있는 잠재적 이익과 비교하면 처벌이 가볍다. 이에 더하여 이러한 처벌조항들이 모두 기망 의사(fraudulent intent)나 범죄 의사(criminal intent)에 대한 증거를 요구하고 있다. 이 요건은 위조자 차원에서는 쉽게 입증되나, 물건의 출처를 단순히 의심만 하거나 전혀 고려하지 않을 수 있는 중간 상인에게 적용될 때에는 증명하기가 더 어렵다. 민사처벌조항(civil penalties)이 존재하지 않는다면, 판매자들은 그들이 파는 작품들의 진위에 대해 끝까지 몰랐다고 잡아뗄 수도 있다. DuBoff *et al.*, *supra* note, 60.

86 박영목, 〈예술품 위작 매도인의 법적 책임〉, 《민사법의 이론과 실무》(민사법의 이론과 실무학회) 제18권, 제1호(2014), 168쪽.

87 박영목, 〈미국 판례를 통해 본 예술품 경매회사의 책임〉, 《법학논총》(조선대학교 법학연구원) 제22권, 제2호(2015), 218쪽.

중한 법적 책임을 부과하는 것만이 능사는 아닐 것이다. 하지만, 예술품 경매회사를 포함한 관계자들이 더욱 책임감 있고 전문적인 자세로 작품을 취급하도록 경각심을 고취하고 선의의 피해자 보호와 거래 안전성을 확보하기 위한 공익적 측면을 고려한다면 감정 오류와 관련된 사안은 민·형사상 책임 모두 엄중히 다루도록 해야 할 것이다.

3.3 공서문제

사적 자치제도를 이해하고자 함에 있어 여러 가지 다양한 견해가 존재할 수 있으나,[88] 이러한 일반조항이 "사회를 건전하게 유지·발전시킨다는 법의 근본이념"에 이바지해야 한다는 그 사실 자체에는 어떠한 이론이 없을 것이다.[89] 통상적으로 공서와 관련하여 문제가 되는 경우는 특정 행위가 인륜이나 정의에 반하는 경우, 혹은 사회의 지탄을 받을 정도로 비윤리적인 경우, 그리고 비정상적인 폭리를 취하거나 미풍양속에 반하는 경우, 마지막으로 사행성을 조장하는 경우 등을 생각해 볼 수 있을 것이며, 이하에서는 예술품 경매상 가격 결정에 대해 직접 연관되어 있는 폭리행위영역[90]에 대해 집중하여 살펴보도록 하고, 국제사법상의 공서와 관련된 사항은 제3장 '경매의 절차 및 당사자의 법적 지위'(5. 준거법 문제, 5.2 예외규정)에서 상

88 홍대식, 〈불공정거래행위와 공서양속〉, 《비교사법》(한국비교사법학회) 제14권, 제1호(2007), 109쪽.

89 곽윤직, 《민법주해》(박영사, 2005), 215쪽.

90 박신욱, 〈인터넷 경매에서 공서양속 위반을 판단함에 있어 주관적 요건의 추정에 관한 연구〉, 《홍익법학》(홍익대학교 법학연구소) 14권, 제3호(2013), 7쪽.

술하도록 한다.

우리 민법 제104조[91]는 "당사자의 궁박, 경솔 또는 무경험으로 인하여 현저하게 공정을 잃은 법률행위는 무효"로 하고 있다. 따라서 경매에 참여하는 입찰자 혹은 위탁자가 경매 절차에 익숙하지 않거나 절박한 상황이어서 정상적인 판단을 할 상황이 아니었던 경우 공서의 문제가 생길 수 있는데, 전문 예술품 경매회사라고 하는 해당 분야의 전문가에 비교해 정보력과 경험이 현저히 차이가 나는 상황을 참작하여 본다면 충분히 고민해 볼 대목이라고 생각한다.

한편, 우리 대법원은 경매와 관련하여 공서양속의 원칙은 사적 자치를 규율하는 경매 절차에는 적용될 수 없을 뿐만 아니라, 이 사건 부동산에 대한 가격 평가절차는 적법하며, 경매목적물의 경락가격이 시가보다 저렴하다는 사유는 적법한 항고 이유가 될 수 없다는 취지로 민법 제103조가 적용되지 않는다고 판시[92]한 바가 있고 다른 사안에서 법적 절차에 따른 경매는 공서양속이 적용될 여지가 없다고도 하였는데,[93] 여기서 말하는 경매는 국가기관에서 진행하는 공매 혹은 채권추심을 위한 강제경매 등을 뜻하는 것이라고 판단된다.[94] 즉, 예술품 거래를 위한 일반 사경매 및 인터넷 경매의 경우는 원칙적으로 공서양속의 문제도 충분히 고려의 여지가 있다고 생각한다.

91 민법 제104조(불공정한 법률행위).
92 대법원 1980. 2. 4 선고 80마2 결정.
93 대법원 1979. 7. 28 선고 79마215 결정.
94 박신욱, 앞의 논문, 10쪽.

제3장

경매의 절차 및 당사자의 법적 지위

1 국내외 공통적인 경매 절차

국내외 공통적인 예술품 경매의 절차는 경매일을 기점으로 경매 전과 경매 이후로 분리하여 설명할 수 있다. 경매 전의 절차에는 일반적으로 위탁 작품의 선정 및 반입, 출품작의 확정과 감정, 예정가, 시작가 확정, 경매 도록 발주, 경매 출품작들을 선보이는 예고 전시로 구성되어 있다. 예술품 경매는 실제로 경매 절차를 통하여 출품된 예술작품들의 판매가 이루어지는 과정을 말한다. 경매 후 절차는 예술품의 경매 낙찰 후 처리 절차(post sales, 판매대금 정산, 작품 운송 및 설치 등)와 유찰된 작품의 처리(after sales, 작품 위탁 고객의 선택에 따라 유찰 작품의 프라이빗 세일, 다음 경매에 재출품, 위탁자에게 반납 중 한 가지로, 혹은 이 세 가지의 절차가 차례대로)로 이루어진다. 특정 위탁자가 자신이 소유하고 있는 예술작품을 경매 절차를 통하여 처분하려고 하면 예술품 경매회사는 해당 작품에 대해 무료로 대략적인 예상 가격을 알려준다. 이 가격에 동의하는 경우 위탁계약을 체결 후 작품을 맡기게 되는데, 때에 따라서 경매회사는 더욱 경매의 흥행을 위해 의도적으로 고가 작품의 소장자에게 수수료의 면제 혹은 높은 낙찰가를 보장하는 등 획기적인 조건을 제시하는 방법으로 작품의 위탁을 유도하기도 한다. 이러한 방식으로 위탁이 결정된 예술작품이 경매회사에 입고되면, 전문가의 감정을 통해 추정가격(estimate price)과 보장가격(reserve price)이 정해지는데, 보장가격은 예술품 경매회사가 제시하는 최저 가격이며, 이 가격 이하로 판매를 하지 않는다는 작품 소유자(위탁자)와의 약속이며 위탁자 보호를 위해 보통 공개하지 않는다.[95] 통상적으로 예술품 경매회사는 위탁 작품의 인수 시점부터 경매 종료 후 낙찰자(낙찰 시) 혹은 위탁자(유찰 시)에게 반환되는 시점까지의 작품 손상 혹은 각종 사고에 대한 책임을 진다. 한 회의 경매를 위한 위탁 작품이 모두 모이면 그 회의 경매에 출품될 작품을 선별하고, 장르별 전문가는 해당 작품의 진위 및 가치를 평가한다. 출품 작품은 결국 예술품 경매회사 전체의 공신력과 직결되고 추후 해당 경매에서 판매된 작품에 문제가 발생하면 책임을 지게 되는 점을 고려하여 통상적으로 위탁 작품의 감정은 복수의 전문가에게 평가를 받도록 하고 한 명이라도 확신하지 못하는 작품은 경매에 출품하지 않는다. 이러한 꼼꼼하고 체계적인 선별과 감정 절차를 통과한 작품은 추정가와 시작가가 정해지는데, 같은 작가, 같은 크기, 같은 제작연도의 작품이라도 해당 작품의 관리 상태나 보존 상태(액자 여부, 수장고 보관 여부, 상자 포장 여부 등), 소장 이력(개인 소장, 미술관

95 김성혜, 〈유통자로서 미술품 경매의 발전—소더비(Sotheby's) 경매사(競賣史)를 중심으로〉(박사학위 논문, 서울대학교, 2019), 63쪽.

소장, 작가 유족 소유, 유명 컬렉터의 컬렉션 여부, 도난품 여부 등), 지난 경매 낙찰가격 등(국내외 경매 낙찰가격 데이터베이스에 근거한 합리적 근거자료)의 다양한 요소에 따라 작품의 평가 가격은 달라질 수 있다. 경매회사에서는 이러한 경매 시점을 기준으로 합리적이라고 판단되는 (다양한 요소가 반영된) 낮은 추정가(시작가)와 높은 추정가의 범위를 제시하고 경매에 참여하는 입찰자들이 수요에 따라 낙찰가격을 결정하게 한다.[96]

해당 회차의 경매에 출품될 위탁 작품이 결정되면 경매도록이 발주되며, 예술작품의 출품 순서(품번)인 로트(lot) 번호가 확정된다. 경매도록에는 작품의 추정가와 함께 해당 장르 전문가의 출품 작품에 대한 전문적인 해설을 곁들인 작가명, 제목, 치수, 제작연도, 전시 이력, 수록문헌(literature), 소장기록(provenance) 등이 기재된다. 크리스티나 소더비와 같이 고도로 세분된 전문 경매회사일수록 출품되는 작품의 경매 진행 순서를 중요시한다. 보통 도록에 기재된 순서에 따라 경매를 진행하는데 경매의 리듬과 경매 당일 분위기를 고려하여 초반은 유찰의 가능성이 낮은 대중적이고 상대적으로 저렴한 작품을 배정하고 중간 부분에는 주요 작품을 배정하며 좀 더 낮은 가격대의 다수의 일반적인 작품들은 낮에(day sale), 고가의 비중이 큰 경매는 저녁 시간에(evening sale) 진행한다.[97]

경매도록이 완성되면 경매회사는 고객들에게 해당 회차의 도록을 발송하고 경매 2~3주 전부터 출품 작품들의 예고(preview) 전시를 진행한다. 봄과 가을의 주요(major sale) 경매일 경우 VIP 고객들을

96 위의 논문, 64쪽.
97 위의 논문.

대상으로 뉴욕, 홍콩, 런던, 서울 등 주요 국가에서 대표 작품들의 예고 전시를 진행하기도 한다. 기본적으로 예술품 경매에 출품되는 모든 작품은 출품·판매할 때의 '현 상태(as is condition)' 판매 조건으로 출품되기에 응찰자는 예고 전시가 진행되는 동안 출품작의 상태 보고서(condition reports)는 물론 실제로 직접 꼼꼼히 검토해야 한다. 경매회사에서 제공하는 컨디션 리포트는 작품의 외관 상태, 손상 및 수복 여부 등 구체적인 사항이 표시되어 있기에 매우 중요하다.[98]

경매 절차에 참여하기 위해서는 보통 해당 경매회사의 회원으로 사전에 등록되어 있어야 하며 다만 단순 관람은 일반인도 가능하다. 경매 응찰 방법으로는 현장 응찰, 전화응찰 등의 직접 응찰 및 담당 스페셜리스트를 통한 서면 대리응찰이 있다. 현장, 전화 서면, 응찰자가 동일가격으로 경합이면 서면, 현장, 전화 순으로, 동일가격을 제시한 서면 응찰자가 다수면 제출된 순서대로 우선권이 있다. 경매사가 일정한 호가를 부르면서 경매를 진행하고 경매사가 마지막 경매봉을 내려치는 것으로 낙찰자가 정해진다.[99] 대부분의 대륙법 체계 나라들은 보장가를 인정하지 않는 추세이고 프랑스의 경우 보장가(혹은 예비가격)를 바탕으로 경매 전 경매인과 위탁자 간 합의한 가격 이하로는 매매하지 않고, 이러한 사정을 당사자 간 비밀로 하고 있다. 또한, 프랑스에는 자국의 문화자산 보호를 위해 행사하는 정부의 선매권이라는 독특한 제도가 있고 이를 바탕으로 국가기관들의 경매 참여시 각종 우선권과 특권을 행사한다.[100]

98 위의 논문, 65쪽.

99 위의 논문.

100 캐슬린 김, 《예술법》(학고재, 2013), 568-570쪽.

경매에서 낙찰된 작품은 최종 낙찰가(hammer price)에 구매 수수료(낙찰 수수료)와 세금(국가에 따라 작품 및 낙찰 수수료는 소비세와 부가세 과세 대상일 수 있음), 그리고 국가에 따라 추급권(re-sale royalty) 수수료가 추가되어 판매되며 이러한 사항은 국가별, 경매회사별로 다르다. 유찰된 작품은 때에 따라 에프터세일(혹은 private sales)을 통해 할인된 가격으로 판매되거나 위탁자에게 반환된다.[101]

참고로, 일반적으로는 경매의 진행 절차상 유형에 따라 청약의 상대방에 대한 확정성이 각각 다르게 판단될 수 있다. 경매는 보통 경매참가자가 응찰한 때도 경매인이 해당 응찰의 수락 여부를 결정할 수 있는 유보경매(auction with reserve)와 참가자의 응찰을 무조건 승낙하여야 하는 비유보경매(auction without reserve)로 구분되는데, 특별한 의사표시가 없다면 통상적으로 경매는 유보경매라고 보면 된다.[102] 유보경매에서 경매인이 경매참가자에게 하는 입찰유도와 제안은 청약의 유인(invitation to offer)에 해당하며, 참가자의 응찰행위는 청약에 해당한다. 반면, 비유보경매의 경우는 이와 반대로 경매인의 입찰 유도와 제안이 청약, 참가자의 응찰은 승낙이 되어 비유보경매상에서 참가자의 응찰이 있는 경우 경매인은 해당 경매를 중단하거나 철회할 수 없다.[103]

---

101 김성혜, 앞의 논문, 66-69쪽.

102 U.C.C. §2-328. Sale by auction.

103 명순구,《미국계약법입문》, 제2판(파주: 법문사, 2008), 22-23쪽.

2 거래의 당사자

2.1 개설

과거의 경우 전문 예술품 경매회사는 작품의 소유권을 직접 취득하여 거래의 직접 당사자로 참여하는 딜러(매매상)나 갤러리(화랑)와 달리 작품의 위탁 및 중개행위만을 전문적으로 한다는 점에서 거래에 관한 제반 의무를 상대적으로 적게 진다고 보는 것이 일반적이었다.[104] 하지만 오늘날에는 전문 예술품 경매회사도 자체 갤러리를 보유하거나 직접 작품을 사들이기도 하고, 반대로 화랑이 작품 위탁판매를 하는 등 사실상 그 경계가 모호해지고 있으며, 오히려 전문 예술품 경매회사는 상대적으로 큰 자본과 각종 네트워크를 기반으로 오늘날 예술시장의 주요 주체로 자리매김하고 있다. 전문 예술품 경매회사의 역할 및 기능, 규모, 사회에 대한 파급력과 시장지배력 등을 고려할 때 이들을 단순히 작품 거래를 위한 경매 서비스를 제공하는 매개자로 볼 것인지, 작품 낙찰자와의 관계에서 계약의 당사자로 행동하는 적극적이고 능동적인 대리인으로 볼 것인지, 또는 예술시장의 지배적 위치에 있는 전문가로서 작품의 가치와 가격을 결정하는 등 공적인 기능까지 수행한다고 볼 것인지, 그리고 이들에게 요구되는 책임의 정도는 어디까지가 타당한지 곰곰이 생각해 볼 필요가 있다.

104 조영화, 앞의 논문, 89쪽.

2.2 위탁자[105]

경매 절차에 있어서 주요 공급원은 작품의 위탁자이다. 작가 본인일 수도 있고, 작가의 가족이나 유족일 수도 있다. 보통은 작품을 매매 혹은 양도 등의 방법으로 소장하고 있는 소장자, 소위 컬렉터라고 일컬어지는 수집가들인 경우가 많다. 예외적인 경우로 갤러리나 딜러들이 현금화 혹은 작가의 홍보목적 등 여러 가지 다양한 사유로 자신들의 소장품을 경매에 직접 출품하거나 자신들의 손님을 대리하여 경매에 위탁하는 때도 있다.

2.3 경매회사[106]

경매회사는 위탁자에게 의뢰받은 예술품을 공개적인 경쟁 입찰 방식을 통하여 경매 절차가 종료되기 전까지 최고가를 제시한 응찰자에게 구매하도록 하는 일종의 대리 판매자이다. 경매의 흥행을 위하여 홍보와 손님의 참여 유도까지 힘쓰며, 의뢰받은 예술품의 기본적인 품질확인 및 진위감정까지 진행하는 등 전문성이 필요하다. 최근에는 기존의 전통적인 오프라인 경매에서 한 걸음 나아가 온라인 경

105 서울옥션 오프라인 국내경매약관 2. 정의
2.13 "위탁자"라 함은, 경매물품에 관하여, 서울옥션경매 시작일 이전에 경매물품을 서울옥션 경매에 출품하기 위하여 서울옥션과 위탁을 체결하고, 이를 위탁한 사람을 의미한다.

106 서울옥션 홍콩경매약관 3. 대리인 또는 매도인으로서의 서울 옥션
서울 옥션이 매도인인 경매 물품의 경우를 제외하고, 위탁자가 위탁한 경매 물품을 경매함에 있어 서울 옥션은 위탁자(즉, 매도인)의 대리인으로서 행위한다. 경매물품의 매매 계약은 매도인과 낙찰자 간에 성립한다.

매와 모바일 경매까지 기술의 비약적인 발전을 거듭하여 젊은 층을 대상으로 점점 예술품 경매에 관한 관심이 늘어나고 있다.

2.4 낙찰자[107]

일반적으로 예술품 거래의 수요자는 미술관, 개인 컬렉터, 기업 컬렉터 등으로 구분된다. 우선 미술관은 기관을 대표하는 컬렉터로서 사실상 매우 중요한 의미와 역할을 담당한다. 작품판매를 주업으로 하는 갤러리와는 다르게 미술관의 경우 재판매 행위를 포함한 작품의 판매는 하지 않는 것이 원칙이고 설립 이념에 맞는 작품의 소장 및 기획전 개최, 작가와 작품에 관한 지속적 연구는 물론 주요 자료의 수집과 정리가 주된 목표이다. 한편, 전통적인 주요 고객(수요층)에 해당하는 개인 컬렉터들의 경우 기업 컬렉터들에 버금가는 부분을 차지한다. 기업 컬렉터는 대표적으로 삼성의 리움 미술관이나 대림의 D뮤지엄처럼 기업소속하에 전폭적인 지원을 받는 기관의 형태를 생각해 볼 수 있다.[108] 컬렉터들은 작품을 단순히 수집하거나 소장하기만 하는 것에 한정되지 않고 자신들이 수집한 작품의 일부 혹은 전체를 미술관과 국가기관에 헌납하기도 한다.[109] 그뿐만 아니라

107 서울옥션 오프라인 국내경매약관 2. 정의
2.9 "낙찰자"라 함은, 경매물품에 관하여, 경매약관에 따라 경매사에 의해 최고가 응찰자로 결정된 사람을 의미한다.

108 해외의 경우 기업의 영업이익을 사회에 환원한다는 차원으로 기업을 통한 예술분야 후원이 크게 증가하는 추세이다. 권이선, 〈기업메세나 활동으로서의 미술관 후원에 관한 연구〉(석사학위 논문, 서울대학교, 2004), 1쪽.

109 이선민, 〈미술품 위작—미술품 위조 근절을 위한 법제도 개선방안〉, 《콘텐츠 재산 연구》(차세대콘텐츠재산학회) 제2권(2011), 44쪽.

자신의 전시공간을 직접 운영하는 컬렉터도 있다. 데이미언 허스트를 세계적 스타로 키운 영국의 유명 컬렉터 찰스 사치(Charles Saatchi) 역시 자신의 이름을 딴 사치 갤러리를 운영하는데, 찰스 사치가 운영하는 사치 갤러리는 세계에서 가장 규모가 있는 현대예술 공간 중의 하나이며, 그는 30년 동안 한국 작가를 포함하여 잘 알려지지 않은 세계의 신진예술가들을 키워내는 주도적인 역할을 자처해왔다. 이처럼 수집가들의 역할은 단순히 예술품을 소유하는 것뿐만 아니라 재능 있는 신진 예술가의 든든한 후원인의 역할까지 맡고 있다.[110]

3 경매회사의 역할과 법적 지위

3.1 약관상의 역할

헤럴드아트데이 온라인경매약관 제5조의 경우 "경매서비스는 당사가 회원 각자의 자기결정에 의하여 물품매매거래가 이루어질 수 있도록 사이버 거래장소를 온라인으로 제공하는 것을 말한다"와 같이 명시하고 있으며, 이들 약관에 따르면 경매회사는 중개인에 해당한다. 이 경우, 전문 예술품 경매회사는 기본적으로 일정한 수수료를 받고 중개행위를 영업으로 하므로, 상법 제46조 제11호[111]의 규정에 따라 상인으로 간주되기 때문에 상인으로서 상법총칙과 상행위 통칙 및 상법 제94조[112] 내지 제100조[113]의 중개인에 관한 규정이 적용

110 위의 논문, 47쪽.
111 상법 제46조(기본적 상행위).

되어야 할 것이다. 판매자와 구매자 사이에 매매계약이 성립된 때에는 바로 상법 제96조 제1항[114]에 따라 그 계약이 성립되었음을 확인하는 결약서를 각 당사자에게 내주어야 하는데, 오프라인 경매회사의 경우 경매 현장에서 즉시 낙찰확인서의 교부가 가능할 것이며, 온라인 경매회사는 결약서에 갈음하여 판매자와 구매자에게 낙찰확인 메일을 발송하고 경매 사이트에 경매 결과표를 공개함으로써 결약서 교부의무를 완수한 것으로 간주할 수 있을 것이다. 상법은 제100조에서 상사중개인이 결약서의 교부 이후에 "보수를 청구할 수 있고 보수는 당사자 쌍방이 균분하여 부담하는 것"으로 규정하고 있으나 실무상으로는 대개 위탁자와 낙찰자에게 각기 다른 요율로 위탁 수수료와 낙찰 수수료를 부과하고 있다.[115] 상법 제95조[116]의 경우 "중개인이 그 중개한 행위에 관하여 견품을 받은 때에는 그 행위가 완료될 때까지 이를 보관하도록" 하고 있는바, 온·오프라인 경매 모두 판매 위탁 대상물인 예술품을 보관하게 되므로 이를 견품으로 보아야 한다고 생각한다. 또한 상사중개인은 제98조[117]에 의해 "당사자가 그 성명 또는 상호를 상대방에게 표시하지 아니할 것을 중개인에게 요구한 때"에는 중개인은 그 상대방에게 내줄 결약서와(낙찰안내서) 중개인의 장부에 이를 기재하지 못하게 되어 있는데, 온라인 경

112 상법 제94조(중개인의 급여수령대리권).

113 상법 제100조(보수청구권).

114 상법 제96조(결약서교부의무).

115 예를 들어, 서울옥션 오프라인 국내약관 "9. 구매수수료"에 따르면 위탁 수수료는 일괄 10%(부가세 별도)이고 구매수수료는 낙찰가의 일괄 15%(부가세 별도)로 차등을 두고 있다.

116 상법 제95조(견품보관의무).

117 상법 제98조(성명, 상호 묵비의 의무).

매회사의 경우 전자상거래 등에서의 소비자보호에 관한 법률[118](이하 '전자상거래법'이라 한다) 제6조[119]에 의하면 "사업자는 전자상거래 및 통신판매에서의 표시·광고, 계약내용 및 그 이행 등 거래에 관한 기록을 상당한 기간 보존하여야 하고 소비자가 쉽게 거래기록을 열람·보존할 방법을 제공하여야"라고 하며 이 경우 사업자가 보존하여야 할 "거래기록 및 그와 관련된 개인정보(성명·주소·전자우편주소 등 거래의 주체를 식별할 수 있는 정보로 한정한다)는 소비자가 개인정보의 이용에 관한 동의를 철회하는 때"도 전자상거래법 등 대통령령으로 정하는 개인정보보호와 관련된 법률의 규정에도 불구하고 이를 보존할 수 있도록 하는 점은 주의해야 한다.

한편, 케이옥션 국내경매약관 제3조에서는 "케이옥션이 매도인인 경매 물품의 경우를 제외하고, 위탁자가 위탁한 경매 물품을 경매함에 있어 케이옥션은 위탁자의 대리인으로서 행위한다. 경매계약은 매도인과 낙찰자 간에 성립한다"라고 명시하고 있는데, 이에 따르면 경매회사는 대리인에 해당한다. 이 경우 상법상 대리상과 민법상의 대리인을 검토해 볼 수 있을 것이지만, 상법상 대리상의 경우 "일정한 상인의 영업거래를 계속적으로 대리하거나 중개함으로써 그 상인의 활동을 보조하는 독립적 상인"을 말하는데,[120] 상법에 규정된 중개업, 위탁 매매업과 함께 유통과정에서 생산자와 소비자를 연결하는 중간상의 일종으로,[121] "상인을 위하여 상시 그 영업부

118 전자상거래 등에서의 소비자보호에 관한 법률[시행 2018. 12. 13.] [법률 제15698호, 2018. 6. 12., 일부개정].

119 전자상거래법 제6조(거래기록의 보존 등).

120 상법 제87조(의의).

121 최영홍, 〈딜러계약의 법리〉, 《경영법률》(한국경영법률학회) 제22집, 제2호

류에 속하는 거래의 대리나 중개를 영업으로 영위"해야 하는바,[122] 통상적으로 상인이 아닌 일반인으로부터 예술품을 위탁받아 경매를 통해 처분하는 행위는 상법상의 대리상이 아닌 민법 제114조 내지 제136조상의 대리인으로 해석해야 할 것이다.

나아가, 크리스티와 소더비 등 해외 예술품 경매회사의 약관에 따르면 위탁자와 예술품 경매회사 간의 법률관계는 대리(agent)관계에 해당한다. 크리스티의 경매약관(conditions of sale) 서문에는 "Unless we Own a lot, Christie's acts as agent for the seller"(크리스티 소유 물품을 판매하는 경우 외에는 크리스티는 판매자의 대리인역할을 한다)라고 명시되어 있고, 소더비의 경매약관 (conditions of sale) 서문 역시 마찬가지로 "The property will be offered by us as agent for the Consignor, unless the catalogue indicates otherwise"(물품은 도록에 달리 표시되지 않는 한 위탁자의 대리인인 소더비에 의해 제공된다)라고 경매회사는 원칙적으로 대리인(agent)의 역할을 하도록 규정되어 있다.

이처럼 전문 예술품 경매회사의 약관마다 자신들의 역할을 다르게 정의하고 있으며, 그 이유는 우리나라의 현행 법체계로 완벽히 포섭할 수 없는 실무상의 관행과 업무 태양(형태)에 기인하였을 것이라고 추정된다. 역설적이지만, 우리나라 현행법 체계에서는 실무상의 관행이 아닌 이용계약을 맺은 특정 예술품 경매회사의 경매약관에 따라 각종 법적 지위와 판단 기준이 설정된다.[123]

(2012), 147-148쪽.

122 최영홍, 〈대리상의 보상청구권의 유추적용 여부—대법원 2013.2.14 선고 2011다28342 판결에 대한 평석〉, 《상사법연구》(한국상사법학회) 제32권, 제2호 (2013), 222쪽.

123 재판 과정상 약관이 일방에 현저히 부당하거나, 체결 과정상 중대한 절차적 흠

3.2 실무상의 역할[124]

예술품의 소장자가 전문 예술품 경매회사에 본인의 소장품 매매를 의뢰하는 행위는 위탁매매에 해당한다. "자기명의, 타인의 계산으로 물건 혹은 유가증권의 매매를 영업으로 하는 자를 위탁매매인"이라 하는데,[125] 위탁매매인은 위탁자를 위한 매매행위로 인해 거래 상대방으로부터 직접 권리취득 및 의무를 부담한다.[126] 상법상 위탁매매인은 "위탁자로부터 물건이나 유가증권의 매매를 위탁받고 이를 위탁매매인 본인의 이름으로 제삼자와 매매하여 그 결과로 얻은 대금 또는 매수한 물건을 위탁자에게 귀속시키는 것을 업"으로 하며, 위탁매매인은 "본인의 이름으로 즉 법률행위의 당사자로서 매매행위를 한다는 점"에서 단순한 대리인과는 차이가 있다. 예술품 경매회사가 소장자로부터 위탁받은 예술품을 처분하는 과정에 이를 대입시켜 보면, 예술품 경매회사는 경매라는 법률행위의(매매) 당사자로서 상대방에 대해 직접 권리를 취득하고 예술품 소장자(위탁자)가 아닌 위탁판매인에 해당하는(위탁매매인) 예술품 경매회사가 의무 부담의 주체가 된다.[127] 즉, 위탁자에게 단순히 물품의 구매 희

결이 있는 경우 약관의 효력 자체를 다툴 수 있는 점은 논외로 한다.

124 연구자는 실제로 국내외 주요 예술품 경매회사들을 상대로 오랜 기간 반복하여 진행된 다수의 거래를 통해 직접 경험한 바는 물론, 주요 예술품 경매회사의 실무자들을 대상으로 한 인터뷰 등을 통해 정리된 다양한 내용을 본 연구에 체계적으로 반영하였다.

125 상법 제101조(의의).

126 상법 제102조(위탁매매인의 지위).

127 이전오, 〈서화·골동품 등의 거래로 얻은 이익의 소득구분에 관한 연구〉, 《조세논총》(한국조세법학회) 제4권, 제1호(2019), 97쪽.

망자를(고객) 연결하는 이른바 중개 업무를 넘어 불특정 다수의 고객에게 위탁대상 예술작품을(상품) 확보 후 일정한 감정을 진행, 카탈로그 혹은 안내서(홍보 책자) 배포 및 예고 전시(출품 작품의 사전 육안 확인을 위한 행사)를 통해 예술작품을 홍보하고 입찰을 유도하는 전문 예술품 경매회사(크리스티, 소더비, 필립스, 서울옥션, 케이옥션, 헤럴드아트데이 등 대다수의 대형 메이저 예술품 경매회사들이 이에 해당)는 상법 제101조상에서 규정하는 위탁매매인의 범주에 포함된다고 판단된다. 따라서, 전문 예술품 경매회사는 매수인(경매 입찰자)과의 관계에 있어서 매매계약의 당사자가 되어 법률상 권리의무의 주체가 되는데, 착오, 사기, 강박 등 우리가 일반적으로 알고 있는 계약의 성립과 효력에 대한 다툼 사유 역시 위탁매매인(경매 회사)과 매수인(경매 입찰자) 사이에 존재하는 사유를 기준으로 판단한다. 급부장애 혹은 급부상의 하자가 존재하는 경우에 예술작품 낙찰자(매수인)는 해당 물품의 경매를 주관한 전문 예술품 경매회사(위탁매매인)를 상대로 이러한 하자에 대해 일정한 손해배상이나 담보책임을 청구할 수 있다.[128] 나아가, 전문 예술품 경매회사는 보조적으로 예술품의 판매과정에 있어서 예술품의 판매를 의뢰한 위탁자와 상법 제112조[129] 및 민법 제681조[130]에 기한 위임계약을 통한 수임인으로서의 선관의무를 진다. 수임인은 원칙적으로는 제삼자에 대해서 책임이 없으며 법률상 계약 당사자를 대상으로 한 쌍방대리 역시 허용되지 않는 점은 참고해야 한다.[131]

128 임승택, 앞의 논문, 31쪽.

129 상법 제112조(위임에 관한 규정의 적용).

130 민법 제681조(수임인의 선관의무).

이상의 정리와 같이 예술품 경매업무의 실무상 진행되는 관행 및 행위 태양과 예술품 경매회사들의 약관 사이에 현실적인 괴리가 존재하고 있음을 알 수 있으며, 약관규제법 및 실무 관행 모두를 고려하여 조속히 경매약관의 개정이 이루어져야 할 것이다.

3.3 전문 감정인의 역할[132]

오늘날 상당수의 예술품이 전문 예술품 경매회사를 통해 시장에 소개되고 유통된다는 점에서 전문 예술품 경매회사는 소위 예술시장의 문지기(gate keeper)에 해당하는데,[133] 그들은 자신들 스스로를 관련 분야의 전문가라는 자부심을 느끼고 작품, 작가, 고객정보 등 주요 정보의 장악을 무기로 이러한 비대칭성을 적극적으로 활용하여 예술시장에서 강력한 가격 형성력 및 지배력을 행사한다.[134]

감정과 관련된 업무 중 'authenticity'(진위감정)는 진위감정에 관

131 정찬형,《상법강의(상)》, 제22판(박영사, 2019), 288-301쪽.

132 권한 없는 자가 진품임을 인증하는 감정서를 위조하거나, 작품의 출처를 보여주는 기존 소장자 명의 또는 양도 이유에 관한 서류 등을 위조한 경우, 권리의무의 발생 및 거래상 중요한 사실을 이루는 사실 증명에 관한 문서로서 사문서 위조죄의 객체에 해당한다고 볼 수 있다. 사문서위조 및 동행사죄는 문서 내용이 사실에 부합하는가에 관계없이 성립한다(대법원 1957. 6. 7 선고 4290형상102 결정). 따라서, 실제 작품이 진품이라고 하더라도 이에 관한 증명서를 위조하는 경우 책임을 진다. 전문 예술품 경매회사가 위조된 증서임을 알면서도 이것을 진본성 감정의 근거로 사용하고 카탈로그에 싣는 등 진정한 것으로 사용한 경우 위조문서행사죄의 공동정범 또는 방조범의 책임을 질 수 있다.

133 Mark A. Reutter, *Artists, Galleries and the Market: Historical, Economic and Legal Aspects of Artist-Dealer Relationships*, 8 Vill. Sports & Ent. L. J. 99, 123 (2001).

134 임승택, 앞의 논문, 29-30쪽.

한 분야로써 주로 학자나 과학적 분석가, 혹은 해당 작품을 오래 다루어 온 미술상들이 하는 일에 해당하고, 'appraisal'(가치감정)은 가격평가, 즉 작품의 시장가 또는 공정가치평가를 하는 전문가들이 담당하는 분야로서, 우리나라의 경우와는 다르게 영미권의 단체들은 통상적으로 모두 감정협회가 아닌 가치평가사협회라는 별도의 전문조직이 담당한다. 즉, 진위감정과 가치평가를 담당하는 전문가집단 각자의 책임과 역할이 다른데, 경매회사 소속 스페셜리스트들은 진위에 대한 프로비넌스(작품의 소장 이력, 전시 이력, 수복 이력 등) 등 기초 자료 조사를 하고, 정보가 부족한 경우에는 학자나 관련 미술상들에게 의뢰를 맡기는 방식으로 세부적인 역할 분담을 하고, 가치평가사들도 해당 예술작품에 대한 가치평가를 진행할 때 작품의 진위판별은 그들의 핵심 업무 분야가 아니므로 확신이 서지 않거나 결정이 어려운 경우에는 경우 해당 작품의 진위를 판단해 줄 만한 학자, 딜러, 과학 분석가 등 해당 분야 전문가의 감정의견서를 첨부하는 방식으로 가치평가 업무가 진행된다. 이처럼 진위감정과 가치평가 사이의 책임이나 핵심 직무가 전혀 다름에도 우리나라의 경우 이 둘을 감정평가라는 하나의 용어와 개념으로 통합 사용하면서 대부분의 예술 혹은 감정 관련 논문은 물론 심지어 정부 정책까지도 이를 그대로 반영한 결과 우리 예술계에서는 진위감정과 가치평가의 개념 구분이 명확하지 못한 상황이다.

4 예술품 경매 관련 해외 법규[135]

4.1 개설

전 세계 예술품 경매의 가장 큰 부분을 담당하는 뉴욕은 이와 관련된 각종 분쟁은 물론 소송도 많다. 뉴욕 시의 경매법규(City of New York auctioneer rules)[136]는 당사자 간의 서면계약 없는 거래를 금지한다.[137] 위탁계약서상에는 각종 비용 및 수수료와 위탁물에 대한 완벽한 합법적 소유권의 보장이 명시되어 있어야 하고, 위탁자가 허위내용을 적시한 경우 일체의 피해를 보상하여야 한다.[138] 그 외에도 경매결과 공개의무에 관한 규정,[139] 경매회사가 위탁자에게 대출 혹은 대금의 선지급 등 금융 혜택을 주어 위탁물이 담보물일 때 이에 대한 공개 규정 등 상세하게 규정하고 있다.

반면, 우리나라의 경우 예술품 경매를 관장하는 별도의 관련 규정이 없는 상황이다. 전통적으로 예술품 거래와 경매가 활발하게 이루어져 왔던 해외 주요 국가들의 경우 예술품 경매만을 위한 별도의 경매규정이 존재하지만, 우리나라의 경우 아쉽게도 예술품 경매와 관련하여 별도의 규정이 미비한 까닭에 차선책으로 발생 사안과 최

135 각종 법의 번역은 rule 법규, regulation 규정, code 법전, law 법(보통법 및 판례법 통칭), act 법(의회 제정법)으로 통일하였음.

136 Rules of the city of New York title 6: Department of consumer affairs chapter 2: Licenses subchapter m: Auctioneers.

137 New York city auction regulations §2-122. Requirements and obligations of licensees.

138 New York city auction regulations §2-124. Prohibited practices.

139 New York city auction regulations §2-122(d).

대한 유사하거나 관련이 있다고 판단되는 현행법규에 따라 처리하고 있는 현실이다. 이처럼 우리나라는 구체적인 예술품 관련 경매규정이 없으므로 여러 가지 문제가 발생하였을 때 체계적이고 전문적인 처리가 상대적으로 힘들고, 이러한 미비점을 보완하기 위하여 우리 예술품 경매시장에도 관련 규정들의 법제화가 필요한 시점이라고 할 수 있다. 법제화를 위한 기초로 먼저 전통적으로 예술품 거래와 경매가 활발하게 이루어져 왔던 해외 대표 국가 중 미국, 영국, 홍콩, 프랑스의 예술품 경매와 관련된 법규를 비교하여 정리해 본다.

4.2 미국

오늘날 미국은 전 세계에서 제일 큰 예술품 시장이 존재하는 국가이다. 미국 영토 내에서 예술품 관련 분야의 소송이 가장 빈번하게 이루어지는 곳은 바로 뉴욕 시인데, 예술품 관련 분야의 소송이 가장 빈번하게 이루어지는 만큼 1983년에 새로운 문화예술법인 아트로(art law, 예술법)가 제정되었고, 1987년 뉴욕 시 경매법규(City of New York auctioneer rules)[140]가 시행되기에 이른다. 뉴욕 시를 제외한 미국 각 주에서는 U.C.C.의 제2장 매매에 관한 조항 중 제328조[141]와 같이 경매와 관련되거나 준용할 수 있는 조항을 적용하고 있다.

140 통상적으로 경매에 관하여 규정하고 있는 'New York city admistrative code title 20: Consumer affairs chapter 2: Licenses subchapter 13: Auctioneers 부분과 Rules of the city of New york title 6: Department of consumer affairs chapter 2: Licenses subchapter m: Auctioneers'를 합쳐서 'City of New York auctioneer rules'로 부르고 있다.

141 U.C.C. §2-328. Sale by auction.

뉴욕 시 행정법전[142]에 의하면 "경매인은 공개된 경매를 통해 상품을 판매하기 위해서는 면허가 필요하다"라고 명시하고 있다.[143] 또한 뉴욕 시 경매법규[144]는 경매회사와 위탁자 또는 위탁자의 대리인 간에 서면계약 없이는 동산의 판매를 금지하고 있다. 위탁매매 계약서에는 반드시 들어가야 하는 조항들이 있다. 이를테면 위탁매매 계약서상에는 발생 가능한 모든 제반 비용, 요금, 수수료 등이 명시되어 있어야 하고 위탁자는 모든 수수료와 비용을 경매인에게 지급해야 한다는 등의 수수료 등의 지급 주체와 관련된 내용 역시 포함되어야 한다.[145]

한편 U.C.C. 제2-328조는 경매에 의한 매매[146]는 압류 기타 강제경매에 의한 입찰을 제외한 일반적인 사경매에 관한 규정을 담고 있는데, 경매에 의한 매매는 경매인이 경매봉으로 낙찰을 선언하거나 다른 관습적 방법에 따라 낙찰 의사를 선언할 때 종료하도록 하고 있다. 직전 입찰절차에서 낙찰선언 중에 입찰이 들어온 경우는 경매인의 재량에 의하여 당해 입찰을 유효화하여 경매를 재개하거나 낙찰선언 절차를 마무리하여 해당 물품이 매각된 것으로 선언할 수 있다. 경매 물품에 명시적으로 "물품에 유보 없음"이라고 기재되지 않는 한 유보경매인데, 유보경매의 경우 경매인은 경매 완료를 선언할

142 New York city administrative code title 20: Consumer affairs chapter 2: Licenses subchapter 13: Auctioneers.

143 NYC Administrative code §20-278.

144 Rules of the city of New York title 6: Department of consumer affairs chapter 2: Licenses subchapter m: Auctioneers.

145 City of New York auctioneer rules §2-122. Requirements and obligations of licensees.

146 U.C.C. §2-328 Sale by auction.

때까지 언제나 해당 물품을 회수할 수 있다. 반면 비유보 경매에서는 합리적인 시간 내에 전혀 입찰이 없는 경우를 제외하고는 경매인이 한 품목 또는 일부분에 관하여 경매 절차를 시작한 이후(입찰 재개 후) 해당 경매 물품의 일부 혹은 전부를 회수할 수 없다. 어느 경우라도 경매인이 경매 종료를 선언하기까지 입찰자는 자신의 입찰을 취소할 수 있다.[147]

명시적 보증이란, U.C.C. 제2-313조에 따르면 판매된 상품에 대한 핵심적인 설명, 다시 말해 당사자 간 협상의 기초가 되는 설명의 내용과 실제 상품이 일치함을 매도인이 보증하는 것이다.[148] 매도인이 상품의 품질을 보증하고, 매수인이 매도인이 제공한 보증을 근거로 합리적으로 판단하에 구매행위에 이르렀다면 명시적 보증이 성립할 것이다.[149] U.C.C. 제2-707조에 의하면,[150] 매도인의 지위에 있는 자는 매도인의 담보권에 유사한 해당 물품 상에 권리를 가지고 있는 자 또는 본인을 위하여 물품 대금에 책임을 지거나 지급하는 본인의 대리인이 포함되는데,[151] 매도인의 입장에 있는 자는 제2조에서 규정된 바와 같이 양도를 보류, 재판매, 부수적 손해배상을 청구할 수 있다.[152]

147 미국변호사협회, 《미국통일상법전》, 윤광운·박정기 역(파주: 법문사, 2006), 38쪽.

148 U.C.C. §2-313. Express warranties by affirmation, promise, description, sample.

149 캐슬린 김, 앞의 책, 530쪽.

150 U.C.C. §2-707. Person in the position of a seller.

151 미국변호사협회, 앞의 책, 56쪽.

152 위의 책.

4.3 영국

영국의 경매 관련 법규 중 주요 기본 사항들을 다루던 "Mock auctions Act 1961"(경매법 1961)은 2008년에 "Consumer protection from unfair trading regulations 2008"(불공정거래소비자보호규정 2008)로 통합되었고, "Auctions(Bidding agreements) Act 1927"(경매법-응찰협약 1927)은 "Auctions(Bidding agreements) Act 1969"(경매법-응찰협약 1969) 를 통해 개정되었다. 경매사업자의 자본 증액 관련 세금 및 허가 등을 주로 규율하였던 "Auctioneers Act 1845"(경매사법 1845)는 "Finance Act 1949"(금융법 1949)로 통합되었고, 제7조의 등록증 비치조항은 "Auctions (Bidding agreements) Act 1927"(경매법-응찰협약 1927)에 남게 되었다.

주요 내용으로는, 경매업자는 매 경매 시마다 경매업의 등록 및 허가와 관련된 사항을 경매장 내에 잘 보이도록 비치해야 하고,[153] 사전에 서면으로 고지된 예외적인 공동 응찰 이외의 일반 예술품 상인(딜러)의 응찰을 금하고 있다.[154] 런던의 경우 접시, 도금제품, 섬유, 도자기, 서적, 인쇄물(판화), 가구, 보석, 각종 가정용 생활용품, 장신구, 악기, 과학 장비 등 이른바 지정품목의 경매 진행을 위해서는 경매장이 위치한 지역의 관할 관청에 우편과 온라인을 통해 등록해야 한다. 상업목적이 아니거나 자선단체 등의 모금목적을 위하였을 때 이러한 등록의무가 면제되는데, 면제 시점으로부터 6개월 내

---

153 Auctioneers Act 1845 section 7. Auctioneer.

154 Auctioneers Act 1845 section 3. Rights of seller of goods by auction where agreement subsists that some person shall abstain from bidding for the goods.

동일지역에서 진행하는 경우에만 면제 효력이 유효하다. 이외에 기본적인 사항들은 "Consumer protection from unfair trading regulations 2008"(불공정거래소비자보호규정 2008)을 통하여 통상적인 상업 활동을 통해 발생하는 전반적인 불공정 거래행위의 규율 및 감독이 이루어지고 있다.

4.4 홍콩

홍콩의 "Mock Auction Ordinance"(경매조례)는 영국법을 기반으로 제정되었으며, 경매인의 자격과 경매수행에 관한 규정을 담고 있다. 경매규정 위반 시 처벌조항까지도 명시되어 있다. 아무래도 홍콩의 경매 관련 법규는 영국법을 바탕으로 제정된 까닭에 영국 경매규정과 유사한 부분이 많다. 홍콩의 경매 절차상 통용되는 경매용어들에 관해 규정하고 있으며,[155] 경매의 홍보와 절차 진행 관련된 사람의 규정 위반 시 부과되는 벌금 및 형벌에 관한 내용을 명시하고 있다. 홍콩의 경우는 구체적인 경매규정의 법제화 그 자체보다는 규정 위반자에 대한 규제내용에 상대적으로 초점을 맞추어 규정되어 있다.[156]

주요 내용으로는, 경매를 관장하거나 진행의 홍보 기타 절차에 관련된 사람은 관련 규정 위반으로 기소 시 벌금 20,000 홍콩달러와 징역 5년형에 처하고 있으며,[157] 경매 진행과 관련하여 규정 위반으

155 Mock auction ordinance §2. Interpretation.

156 백미림, 앞의 논문, 37쪽.

157 Mock auction ordinance §3. Offence to promote or conduct a mock auction.

로 타인에게 손해를 입힌 경우 처벌조항에 따른 법적 책임 및 경매 절차상 발생한 금전적 손해에 대해 배상책임 등을 부과하고 있다.[158]

4.5 프랑스

예술품 기타 유사 경매 및 매매절차에 관해 유서가 깊고 독보적인 전통을 보유하고 있는 프랑스의 경우를 살펴보면, 국가의 주도하에 상대적으로 엄격한 유지 관리 및 운영하에 국립경매장과 경매인의 전문 자격제도를 보유하고 있다. 정식 국가 공무원인 프랑스의 경매사(Commissaire-Priseur, 코미세르-프리죄르)는 경매 절차 전반을 관장 및 진행하며 위탁자에게는 물품 낙찰 대금에 관한 지불 보증을, 물품의 낙찰자에게는 경매 대상 예술품의 진품성(진본성)을 보증하는 공신력 있는 법정대리인의 임무를 수행한다.[159]

프랑스에서 공식 경매사의 선발과 자격에 관한 사항들은 법무부에서 매우 엄격하게 관리되며, 모든 응시자는 법학은 물론 예술사 등의 기본적인 전문 소양이 필요하다. 필기시험과 구두시험에 합격한 후 전문 예술품 경매회사의 소속으로 일정 기간 동안 필수적인 실무 수습 기간을 수료하면 비로소 전문 경매인 면허 시험의 응시 자격을 얻게 되는 것이다. 이렇게 힘들고 까다로운 절차와 과정을 거쳐 경매인 자격증을 취득하게 되면 프랑스의 전국 경매사협회 및 지역 경매사협회에 가입되고, 이른바 타장(tajan)과 비노슈(binoche)

158 Mock auction ordinance §4. Liability to pay compensation.

159 경희대학교 문화예술경영연구소, 《문화예술경영—이론과 실제》(생각의나무, 2002), 38쪽.

같은 전문 경매인 단체를 구성하여 드루오(Drouot) 등의 국립경매장에서 경매를 시행하게 된다. 프랑스의 경매사는 경매(Enchère, 앙셰르) 진행은 물론 예술품 경매사와는 독립적인 위치에서 해당 장르의 전문감정인들을 통한 조언과 검토를 바탕으로 위탁물의 감정(experts, 엑스페르)까지 진행하고 있다. 또한, 프랑스의 전문 예술품 경매회사에 소속되기 위해서는 매우 엄격한 절차를 거치도록 제도화되어 있고, 소속 구성원들 모두 높은 수준의 관련 지식 및 경험이 요구되며, 소속되어 있는 구성원들 자신도 자신들의 전문성 및 역량에 대해 큰 자부심을 느끼고 있다.[160]

나아가, 예술품 거래에 대한 특별법으로서 수집품 및 예술품 거래에서의 사기방지를 위한 1981년 3월 3일 데크레(Décret n° 81-255 du 3 mars 1981)[161]가 있는데, 이 법에서는 예술품의 매매절차를 진행하는 경우 해당 매매 증명서에 특정 내용과 표현 문구를 반드시 사용하도록 강제하고 있다. 증서상에 포함되어야 하는 내용 및 감정서에 요구되는 유형별 문구의 제시 및 그 법규화를 통해 거래와 유통상의 각종 분쟁과 사기 등의 잠재적인 범죄를 예방을 목적으로 한 특별입법이라는데 되새겨 볼 만한 의미가 있다고 생각한다.[162] 데크레 제1조[163]에서는 예술품의 매매 시 매매절차를 담당하는 수집품

160 손보미, 앞의 논문, 34쪽.

161 Décret n°81-255 du 3 mars 1981 sur la répression des fraudes en matière de transactions d'oeuvres d'art et d'objets de collection (Version consolidée au 09 septembre 2011).

162 남궁술·박광동,《유럽의 문화법제에 관한 비교법적 연구》(한국법제연구원, 2008), 88쪽.

163 Décret n°81-255 du 3 mars 1981 Article 1 Les vendeurs habituels ou occasionnels d'oeuvres d'art ou d'objets de collection ou leurs mandataires, ainsi que les officiers

및 예술품의 매도인, 수임인, 공경매를 진행하는 공무원, 경매사가 양수인(낙찰자, 구매자)의 요구 시 매매계약서와 함께 해당 매매대상물(위탁물)의 제작방법, 재료, 출처, 제작시기에 대한 분석(증명)서류, 영수증, 매도명세서 또는 공매 조서를 제공하도록 하고 있다.

5 준거법 문제

5.1 일반원칙

동산에 대한 권리 여부가 섭외적으로 문제가 되는 경우 일반적으로 준거법은 목적물 소재지법으로(lex situs) 판단하는데, 간단히 말해 예술품 거래 시 거래가 이루어지는 곳의 법률에 따라 절차를 진행하면 되기에 거래의 명확성(certainty)과 예측가능성(predictability)을 보장하고 국제예양(international comity)까지 준수함으로써 결국 미술품의 국제거래를 촉진하는 데 이바지하게 된다.[164]

우리나라가 현재 준거법과 관련하여 채택하고 있는 원칙은 미국 국제사법 이론에서 대두된 가장 밀접한 관련(the most significant

publics ou ministériels et les personnes habilitées procédant à une vente publique aux enchères doivent, si l'acquéreur le demande, lui délivrer une facture, quittance, bordereau de vente ou extrait du procès-verbal de la vente publique contenant les spécifications qu'ils auront avancées quant à la nature, la composition, l'origine et l'ancienneté de la chose vendue. (Modifié par Décret n°2001-650 du 19 juillet 2001 - art. 69 JORF 21 juillet 2001 en vigueur le 1er octobre 2001).

164 Derek Fincham, *How Adopting the Lex Origins Rule Can Impede the Flow of Illicit Cultural Property*, 32 Colum. J.L. & Arts 111, 111-115 (2008).

relationship) 원칙으로 이는 법의 충돌에 관한 제2차 리스테이트먼트(the second restatement of conflict of laws)의 지도이념이 되었음은 물론, 영국, 독일, 일본 등 다수의 나라에서 준거법지정의 원칙으로 채택되고 있다.[165]

한편 현대적 혼합방법(modern combined approach)은 준리스테이트먼트 방법으로도 불리는데(semi-restatement approach), 소유권의 이전과정을 역으로 추적하여 소유권이 이전되는 장소가 일시적이거나 비정상적으로 판단되면 목적물의 소재지로 인정하지 않으며 외국법을 적용할 필요가 있다면 가능성을 열어두는 특징이 있으며,[166] 뉴욕을 중심으로 이처럼 목적물 소재지법을 기초로 리스테이트먼트(restatement)를 고려하는 방식[167]이 증가하는 추세이다.[168]

5.2 예외규정

준거법의 지정은 해당 국가의 공법규정도 함께 고려해야 마땅하다. 특히 섭외적 사안에 대해서 우리 국제사법 제7조는 "입법목적에 비추어 준거법과 관계없이 해당 법률관계에 적용되어야 하는 대한민국의 강행규정은 이 법에 의하여 외국법이 준거법으로 지정되는 경

165 신창섭, 앞의 책, 36쪽.

166 Symeon C. Symeonides, *The American Revolution and the European Evolution in Choice of Law: Reciprocal Lessons*, 82 Tul. L. Rev. 1741, 103 (2007).

167 목적물 소재지가 일시적, 우발적이면 목적물 소재지법이 배제되고 이익형량 분석을 통해 준거법을 결정하는 혼합적인 방법.

168 최성호, 〈도난 예술품의 국제적 거래에 있어 준거법의 선택—뉴욕주의 국제사법을 중심으로〉, 《법학논고》(경북대학교 법학연구원) 제42집(2013), 354-355쪽.

우에도 이를 적용한다"라고 규정하는데, 입법 목적상 적용됨이 타당한 우리의 강행규정은[169] 준거법 지정 여부와는 무관하게 섭외사건에 적용된다.[170]

한편, 반정(renvoi, transmission)이란 "어떤 섭외적 사안 또는 법률관계에 대하여 법정지 국제사법이 특정 국가의 법을 준거법으로서 지정하였으나, 그 외국의 국제사법이 법정지법 또는 제3국의 법을 적용할 것을 규정하고 있는 경우에 그 규정에 따라 법정지법 또는 제3국의 법을 적용하는 것"인데,[171] 이는 매우 복잡한 국제사법 이론으로서 비판의 목소리도 있지만, 특정 사안에서는 목적물 소재지법보다 오히려 긍정적인 평가를 받기도 한다.[172] 영국 법원[173]은 "국가 보물과 기념물을 다루는 데 있어, 기원 국가의 법이 적용될 수 있지만, 이는 정부가 적절하다고 판단할 때만 시행하는 것이다"라고 말하면서 과거 영국 법원에서 동산에는 적용된 적이 없었다는 이유로 반정의 적용을 거부하였다. 이는 오직 문화재에 관한 공공정책상의 명분만으로 확실성 및 일치성이 결여된 상태에서 동산에 반정을 적용하는 것은 무리가 있다는 것을 보여준다.[174] 비록 적용함에 있어서 다

169 독점규제 및 공정거래에 관한 법률, 대외무역법, 문화재보호법, 외국환거래법 등 당사자 합의로 그 적용을 배제할 수 없고, 외국법이 준거법이어도 적용이 배제되지 않는 국제적 강행법규를 말한다. 석광현,《국제사법 해설》(박영사, 2013), 140-142쪽.

170 신창섭, 앞의 책, 126-127쪽.

171 위의 책, 137쪽.

172 Fincham, *supra* note, at 142.

173 *Winkworth v. Christie*, Manson & Woods, Ltd., [1980] Ch. 496, [1980] 1 All E.R. 1121.

174 J. J. Fawcett. Janeen M. Carruthers, P. M. North, *Cheshire, North & Fawcett, Private International Law*, 14th ed.(New York: Oxford University Press, 2008). at 72-73.

소 까다로운 요소들이 있지만, 반정이론에 의한 기원국법의 적용은 최근 다시 주목받기 시작하였으며, 이는 예술품 관련 소송에서 소재지법주의를 보완할 여지가 있다.[175] 우리 국제사법 제9조 제1항은 "이 법에 의하여 외국법이 준거법으로 지정된 경우에 그 국가의 법에 의하여 대한민국 법이 적용되어야 하는 때에는 대한민국의 법(준거법의 지정에 관한 법규를 제외한다)에 의한다"라며 협의의 반정을 인정하고 있고,[176] 이를 적용하는 경우 국제사법에서 연결점 확정 및 연결원칙, 판결의 국제적 조화 등을 고려하여 국제사법의 이상을 실현되도록 해야 한다.[177]

반면 국제사법상의 '공서(公序, public order)'란 "준거법으로 지정된 외국법을 적용한 결과가 국내법 질서와 정의의 관념에 반할 때, 그러한 적용을 부인하는 법리를 의미"하며[178] 자국의 공서나 사법적 질서가 교란방지를 목적으로 대다수의 나라에서 자국 국제사법이 준거법으로 타국의 법을 지정하였어도 특정 중요 사안에서는 예외적으로 지정된 준거법을 배제하고 있다. 우리나라는 국제사법 제10조에서 "외국법에 의하여야 하는 경우에 그 규정의 적용이 대한민국의 선량한 풍속 그 밖의 사회질서에 명백히 위반되는 때에는 이를 적용하지 아니한다"라고 규정하고 있다.[179] 생각건대, 공서의 기준을 매번 자의적으로 선택하면 외국법을 쉽게 배척하는 결과로 이어지고 결국 국제사법 정신 및 국제 질서에 반하는 부작용을 낳게 되

175 Fincham, *supra* note, at 144.
176 신창섭, 앞의 책, 137-138쪽.
177 위의 책, 142쪽.
178 이재경, 앞의 책, 259쪽.
179 신창섭, 앞의 책, 181쪽.

는바, 공서가 남용되지 않도록 주의하여 사용되어야 할 것이다.[180]

180 위의 책, 156쪽.

제4장

예술품 경매의 책임원칙

1 매수인의 책임원칙

1.1 영미법상의 매수인 위험부담원칙

복잡화, 전문화된 현대의 사회에서는 근로자나 소비자 등 약자로서의 위치에 놓여 있는 일반 시민들을 보호하기 위해 사용자, 제조자 등 사회적 강자에게 손해배상 의무를 무겁게 지우는 경향이 나타나기도 한다. 과거 예술시장 수요층의 대부분을 이루었던 전문 컬렉터나 딜러들은 예술품 매매업자와 동등한 정보력과 전문성을 지닌 채 자신의 독립적인 판단으로 작품을 구매하곤 하였다. 당시에 예술시장에서의 지배적인 원칙은 구매자가 물품의 하자에 대해서 자신의 판단과 책임으로 작품을 구매하여야 하며, 만약 물품에 하자가 있다고 하더라도 배상책임을 판매자에게 물을 수 없다는 매수인의 위험부담원칙(caveat emptor)[181]이 있었다. 하지만, 20세기 후반에 들어와

서는 경험과 전문성이 부족한 초보 컬렉터들이 시장에 대거 유입되면서 상황이 달라지기 시작했다. 이들은 고비용이 지출되는 전문감정인을 선임하거나, '의견'과 '사실 진술'의 경계를 모호하게 넘나드는 감정 결과에 대한 적절한 해석능력이 없었으며, 전문 예술품 경매회사의 교묘한 경매전술 속에서 합리적 의사결정을 하기 어려웠다. 전문 예술품 경매회사는 카탈로그나 보증서를 발행함으로써 컬렉터들이 안심을 할 수 있게 하는 것과 동시에 보다 쉬운 거래 참여를 할 수 있게 유인하며, 이러한 전문 예술품 경매회사가 제공한 정보에 의존하여 구매자들은 의사결정을 내린다. 따라서 전문 예술품 경매회사는 예술품 거래시장의 건전한 발달을 위하여 객관적이고 타당한 감정 결과를 제공할 의무가 있으며, 허위 및 부실감정 시 제재의 필요성이 대두되었다.[182]

매수인 위험부담원칙[183]은 전문 예술품 경매회사를 관통하는 전

181 이른바 '매수인 위험부담의 원칙'으로 표현되는 'caveat emptor'란 'caveat emptor, qui ignorare non debuit quod jus alienum emit'에서 유래한다. 이소은, 〈미국 법상 매수인 위험 부담의 원칙과 계약 체결 전 정보제공의무〉, 《비교법연구》(동국대학교 비교법문화연구소) 제19권, 제3호(2019), 166쪽.

182 William W. Stuart, *Authenticity of Authorship and the Auction Market*, 54 Me. L. Rev. 71, 73 (2002).

183 계약체결에 임하는 사람이라면 누구나 충분한 주의를 기울이는 것이 마땅하다고 표현한 *Seixas and Seixas v. Woods* 판례, 계약조항을 명확히 하지 않은 채 만연히 계약을 체결한 당사자는 법의 보호를 받을 수 없다고 한 *McFarland v. Newman* 판례, 계약 당사자가 중요한 사실(material fact)을 알리지 않은 것을 도덕적으로 비난할 수는 있어도, 그에게 법적인 책임을 물을 수는 없다고 본 *Peek v. Gurney* 판례 등 매수인 위험부담원칙을 강조하는 분위기에 힘입어 매매 목적물을 인도함으로써 매매 계약상의 채무를 이행한 매도인은 그 후에 매수인에 대하여 어떠한 법적 책임을 지지 않는 경향은 1960년대까지 지속되었다. Alan M. Weinberger, *Let the Buyer Be Well Informed?–Doubting the Demise of Caveat Emptor*, 55 Md. L. Rev. 387, 388

통적인 책임원칙으로 자리를 잡음은 물론 구매자 스스로 물품의 하자 여부를 검사해야 하고 전문 예술품 경매회사의 감정 오류로 인한 위험부담을 부담시키는 전문 예술품 경매회사들의 전통 관행 및 약관은 이러한 매수인 위험부담원칙[184]에서 비롯되었다고 볼 수 있다. 대다수의 옥션 들은 약관에 "당사는 경매 물품을 현 상태로(as is) 위탁할 뿐 작품의 상태와 관련해서는 응찰자에게 사전 확인 의무가 있다"라고 명시하고 있다.[185] 낙찰 작품의 하자에 대한 전문 예술품 경매회사의 보증책임과 관련하여 미국의 *Weisz v. Parke- Bernet Galleries* 사건[186]에서 법원은 매수인 위험부담원칙[187]하에서 충분한 주의를 기울이지 않은 상태에서 행동한 매수자는 손해배상을 주장할 수 없다고 판결하였다.

매수인 위험부담 원칙은 전문 예술품 경매회사를 비롯한 예술시장 종사자들의 이익과 견해를 대변한다고 할 수 있다. 완벽하고 확실한 감정결과를 일반고객들의 입장에서는 기대할 것인데, 실제 현

(1996).

184 18세기 말경부터는 "caveat emptor" 원칙을 인용한 법원의 판결이 나타나기 시작하였으며(Stuart v. Wilkins, 1 Doug. 19, 99 Eng. Rep. 15 [1778]), 미국 계약법에서도 이러한 기본 원칙들이 유지되어 19세기 미국의 매수인 위험부담 원칙은 중요한 사회적 가치로 인정받게 된다. *Ibid.*, 389.

185 이러한 내용은 케이옥션 국내경매약관 13. 진술, 보증 및 책임의 부존재, 14. 제한보증, 15. 제한 책임 등 대부분의 전문 예술품 경매회사의 약관에 포함되어 있다.

186 *Weisz v. Parke-Bernet Galleries*, 77 Misc. 2d 80, 351 N.Y.S.2d 911 (N.Y. App. Term 1974).

187 영국의 법학자 앤서니 피처버트(Anthony Fitzherbert)의 저서《농업서(Book of Husbandry)》에는 다른 사람이 타던 말을 구매하는 경우 매수인 자신이 주의해야 한다는 표현이 등장하는데, 개인주의와 자유주의 사상이 대두되던 18세기에 이르러 "caveat emptor"는 더욱 주목받게 된다. Charles T. LeViness, Caveat Emptor Versus Caveat Venditor, 7 Md. L. Rev. 177, 182 (1942).

실에서는 감정기법의 한계와 자료의 불충분 등의 이유로 진위 판정에 실패할 위험이 내재되어 있다. 가령, 감정인이 자신의 지식과 경험을 기반으로 해 최선을 다하여 작품의 가치감정을 행하였더라도 그 결과는 참담할 수 있을 것이다. 이러한 이유로 예술품 감정인 등은 전통적인 매수인 위험부담원칙[188] 관행을 뒤로하고 작품의 하자로 인한 책임을 강하게 지우려는 의견에 대해 거부감을 표하고 있다. 하지만 예술에 대한 이해 및 경험이 부족한 초보 컬렉터들에게 작품 감정 실패로 인한 상당한 위험과 손실에 대한 부담을 전부 지우게 하는 것 역시 공정하다고 볼 수 없을 것이다. 전문 예술품 경매회사는 구매자와 비교하면 상대적으로 더 많은 정보와 전문성을 가지고 있다는 점, 순진한 구매자가 진품임을 믿고 거액의 거래를 했다가 작품이 위작으로 판명날 시 받게 될 심리적·금전적인 충격이 상당할 것이라는 점, 이에 따른 구매자의 열악한 위험회피 능력 또한 생각하지 아니할 수 없다는 점을 고려한다면, 전문 예술품 경매회사에 일정한 수준의 책임을 지우게 하는 것이 합리적일 것이다. 매매 당사자가 매매품의 중요한 부분에 대해 착오한 경우 계약해제가 가능하며, 판매자가 예술품의 중요한 부분에 대하여 중대한 허위설명을 하거나 이를 은폐하였다면 민·형사상 책임을 질 수 있다. 그러나 대부분의 전문 예술품 경매회사에서는 매우 제한적인 범위에서 보증을 제공하고 있고 감정실패 및 허위진술에 대해 전문 예술품 경매회사 측의 고의, 과실을 입증하기는 쉽지 않기 때문에 전문 예

188 1534년 무렵 영국에서 최초로 "caveat emptor"라는 표현이 등장하였다. Sheldon Gardner, Robert Kuehl, *Acquiring an Historical Understanding of Duties to Disclose, Fraud, and Warranties*, 104 Com. L.J. 168, 174 (1999).

술품 경매회사와 구매자 사이에 더욱 직접적인 법적 의무를 설정하려는 이론이 논의되었다.[189]

1.2 매수인의 법적 의무 및 형사책임

예술품 경매에 참여하여 작품을 낙찰받은 매수인은 매매계약의 당사자로서 반대급부인 작품 대금에 대한 납부의 의무가 있다.[190] 정상적으로 낙찰대금을 지급하면 다행이지만 일부 낙찰자의 경우 변심 혹은 기타 사유로 납부를 거부하는 경우가 발생한다. 진정한 매매의 의사 없이 경매 절차의 방해를 위해서 입찰하였거나, 타인과 공모하여 특정 작가의 작품 가격을 높이기 위해 낙찰을 받은 경우라면 경매회사에 대한 업무방해[191]에 해당할 것이고 본인이 특정 경매 물품을 낙찰받기 위해 타인의 입찰을 방해하는 등의 경우 형법 제315조[192]상의 경매 입찰 방해죄의 검토도 고려해 볼 수 있겠다. 현재 우리나라의 각 법조문상 규정되어 있는 경매에 관한 규정들은 소위 채권추심을 위해 담보 물품을 처분하는 강제경매와 국가기관에서 진행하는 공경매를 대상으로 하는데, 사기업에서 진행하는 예술품 경매의 경우도 전문성과 공정성을 고려하여 본다면 충분히 해당 규정들을 적용할 사회적 공감대가 형성될 시기라고 생각한다. 예술품낙찰대금의 지급능력이 없거나 대금 지급의 의사가 없음에도 경매 절

189 손보미, 앞의 논문, 19-20쪽.
190 민법 제568조(매매의 효력).
191 형법 제314조(업무방해).
192 형법 제315조(경매, 입찰의 방해).

차에 참여하여 작품을 낙찰받은 경우는 사기죄[193]에 해당한다. 민법상의 계약의무 불이행에 대해서는 민법 제390조[194]에 기한 채무불이행에 대한 손해배상 의무가 발생하고 영업 방해 및 사기 등 형법상의 책임에는 민법 제750조에 기한 손해배상의 책임이 발생하는데, 상습범[195]의 경우에는 가중하여 처벌한다.

경매회사는 낙찰자의 작품 매수대금 지급 채무에 대한 강제이행을 법원에 청구할 수 있다.[196] 통상적으로 채무자는 과실이 없는 경우에도 이행지체 중의 손해를 배상하여야 하고,[197] 채무불이행에 기한 손해배상은 통상손해를 한도로 한다.[198] 낙찰 물품이 문화재인 경우, 문화재인 경매 물품에 대한 입찰 자격이 없음에도 문서의 위변조 등을 통해 부당하게 입찰하였다면 형법 제231조[199]상의 사문서 위변조의 죄 및 제234조[200]상의 동행사죄로 처벌의 대상이 될 것이며, 설사 경매 절차의 착수나 종료 전에 경매회사 담당자 혹은 관계자 등이 제출된 서류가 위조문서임을 눈치를 채는 등 결과적으로는 실패로 끝났다고 하더라도 실행의 착수가 이루어진 이후에는 미수범으로 처벌받게 된다.[201] 나아가 타인을 대신하여 대리인 본인의 명의로 회원가입이나 입찰등록 후 예술품 경매에서 대리응찰을 하

193 형법 제347조(사기).
194 민법 제390조(채무불이행과 손해배상).
195 형법 제351조(상습범).
196 민법 제389조(강제이행).
197 민법 제392조(이행지체 중의 손해배상).
198 민법 제393조(손해배상의 범위).
199 형법 제231조(사문서 등의 위조·변조).
200 형법 제234조(위조 사문서 등의 행사).
201 형법 제235조(미수범).

는 경우는, 경매회사와의 각종 관계에서 대리인 본인을 기준으로 상술한 각종 법적 책임의 주체가 되는 점도 참고해야 한다. 그 외 각종 구체적인 형사책임에 관해 이 책에서는 논외로 한다.

2 영미법상 수정된 책임 원리

2.1 대리인의 신인의무

영미법상 수임자(fiduciary)란 일방 당사자가 상대방 당사자와의 관계를 기반으로 정한 범위 내에서 상대방 당사자의 이익을 위해 행위를 대리할 의무를 지는 자로 폭넓게 정의된다.[202] 수익자(beneficiary)에 대한 수탁자(trustee) 책임, 본인(principal)에 대한 대리인(agent) 책임은 모두 이러한 수임자의 지위에서부터 나오는 것이다.[203] 델라웨어 주(Delaware state) 대법원은 기본적인 수임자의 의무로 첫째, 이익충돌상황에서 신임관계에 있는 자에게 해를 끼치는 이기적인 행동을 하지 않을 충실의무(duty of loyalty), 둘째, 합리적으로 주의를 기울이고 사리 분별 있게 책임을 수행하여야 할 주의의무(duty of care), 셋째, 자신의 책임을 성실히 이행해야 한다는 신의성실의무(duty of good faith)를 제시한 바 있다.[204] 전통적으로 전문 예술품 경매회사는

202 박기령, 〈수임자의무(fiduciary duty)에 대한 영미법의 해석론 비교연구〉, 《법학논집》(이화여자대학교 법학연구소) 제13권, 제3호(2009), 63-64쪽.

203 Bryan A. Garner, *Black's Law Dictionary*, 11th ed.(St. Paul: Thomson Reuters, 2019).

204 김재형, 〈미국법상 신인의무에 관한 연구—델라웨어주를 중심으로〉, 《일감법학》(건국대학교 법학연구소) 제20호(2011), 569-574쪽.

판매자의 작품이 경매에서 성공적으로 낙찰될 수 있게 돕는 판매자 일방을 위한 대리인(agent)으로 보는 것이 일반적이었다.[205] 전문 예술품 경매회사의 감정 및 경매 결과는 해당 예술시장에서 공신력이 있으며, 객관적인 정보로서 작품가격 형성과 구매자의 의사결정 과정에 상당한 영향력이 있다는 데에 반하여, 구매자에 대한 법적인 장치가 부족하다는 점을 이유로, 판매자뿐만 아니라 구매자에 대하여도 대리관계 또는 신임관계를 부과하자는 이론이 생겨났다.[206] 전문 예술품 경매회사와 구매자 간에도 대리관계가 인정될 수 있다면 양자는 특별한 신인관계를 맺게 될 것이다. 그렇게 된다면 전문 예술품 경매회사는 최대의 선의로 본인의 이익을 위해 행동할 의무가 발생할 것인데, 그 예로는 고객의 이익에 반하는 이익 또는 비밀 이익 취득을 삼가야 할 의무, 작품 감정시 고객의 이익에 중대한 영향을 미칠 수 있는 모든 사실에 대해 완전한 성실한 공개의무 등이 있을 것이다.

2.2 쌍방대리 가능 여부

미국의 많은 주에서는 부동산중개인(real estate broker)이 판매자와 구매자 양측을 대리하여 중개하는 것을 허용한다. 미국의 부동산중개인은 ① 판매자의 부동산 거래를 위해 그의 사무실 또는 MLS (Multiple Listing System)라고 불리는 공동중개센터에 정보를 올리는

205 *Parke-Bernet Galleries, Inc. v. Franklyn*, 256 N.E.2d 506 (1970).

206 Patty Gerstenblith, *Picture Imperfect: Attempted Regulation of the Art Market*, 29 Wm. & Mary L. Rev. 501, 558-559 (1987).

판매자 측 홍보 중개인(listing broker)과 ② 해당 부동산에 대해 구매자들의 관심을 끌어 보다 적극적으로 그들이 찾는 부동산과 연결해 주는 구매자 측 판매중개인(selling broker 또는 cooperating broker)이 있다.[207] 초기의 판례를 살펴보면 두 유형을 구분하지는 않고 있으며, 중개인은 명시적 서면약정이 없는 한 오직 판매자를 위한 대리인으로 보았다.[208] 물론 이때에도 중개인이 매매에 관한 중요한 사항에 대해 사기적 부실표시(fraudulent misrepresentation)를 하거나, 판매중개인이 부동산의 중대한 결함을 알면서도 밝히지 않으면 구매자에 대한 책임을 진다는 판례가 있지만, 이는 대리인의 지위에서 비롯된 것이 아닌, 어디까지나 불법행위 책임이었다.[209] 그런데 1970년대 후반 법원은 다른 태도를 취하며 판매중개인도 판매자의 대리인인지 여부와 관계없이 구매자의 대리인이 될 수 있음을 전제하며 이중적 관계(dual relationship)를 인정하였고, 이러한 경우 물건의 결함에 대한 성실한(faithful) 공개의무를 구매자에 대해 진다고 하였다.[210]

판매중개인을 구매자의 대리인으로 인정할 수 있는 요건으로 첫째, 본인은 판매중개인이 그를 대리하여 행동하여야 한다는 의사를 표시해야 한다. 이러한 대리권은 구두, 서면, 기타 그러한 대리권 수여가 있었다고 합리적으로 믿을 만한 행위에 의해 창설이 된다. 둘째, 그에 대한 대리인의 동의가 있어야 할 것이다. 본인이 대리권 수여에 대한 의사를 표시했고, 이에 별도의 거절의사를 상대방이 표시

207 *Ibid.*, 558.

208 *Stortroen v. Beneficial Finance Co.,* 736 P.2d.

209 *Ward v. Taggart*, 51 Cal. 2d 736, 742, 336 P.2d 534, 538 (1959), *Lingsch v. Savage,* 213 Cal. App. 2d 729, 736, 29 Cal. Rptr. 201, 204 (1963).

210 *Cashion v. Ahmadi,* 345 So. 2d 268,271 (Ala. 1977).

하지 않고 진행을 하였다면 이는 본인을 대리하여 일을 수행한 것이라고 합리적으로 추론할 수 있을 것이다. 셋째, 본인은 대리를 맡긴 업무에 대해 지배·통제할 권한이 있어야 할 것이다. 여기서 말하는 지배·통제할 권한이란, 대리인의 개별적인 행동에 대한 통제 권한을 의미하는 것은 아니고, 최종적인 업무의 방향을 제시하고 관리할 수 있음을 뜻한다.[211]

한편 우리나라의 부동산 중개업에 따른 법률은 중개의뢰인과의 직접거래 또는 거래당사자의 쌍방대리 행위를 명시적으로 금지하고 있다(제33조 제6호). 하지만 공인중개사의 업무 및 부동산 거래신고에 관한 법률은 중개업자에게 "개업공인중개사는 중개를 의뢰받은 경우에는 중개가 완성되기 전에 다음 각 호의 사항을 확인하여 이를 해당 중개대상물에 관한 권리를 취득하고자 하는 중개의뢰인에게 성실·정확하게 설명하고, 토지대장 등본 또는 부동산종합증명서, 등기사항증명서 등 설명의 근거자료를 제시하여야 한다"고 규정하였고(제25조 제1항), 중개업자가 "고의 또는 과실로 거래 당사자에게 재산상의 손해를 발생하게 했을 때"에는 손해배상 의무가 있다고 한다(제30조 제1항). 판례에서도 부동산 중개계약의 성질이 민법상 위임계약과 비슷하다고 하면서, 중개업자의 선관의무상 양도인의 권리 및 중개대상 물건의 각종 채권최고액 등에 관한 조사·확인 의무를 인정하였다.[212]

---

211 Hoseph M. Grohman, *A Reassessment of the Selling Real Estate Broker's Agency Relation- ship with the Purchaser*, 61 St. John's L. Rev. 560, 572-580 (1986).

212 대법원 2003. 2. 26 선고 2001다68990 판결, 대법원 2002. 2. 5 선고 2001다71484 판결, 대법원 1999. 5. 14 선고 98다30667 판결 등.

전문 예술품 경매회사에도 미국의 부동산중개인과 같은 이중대리를 인정하기 위해서는 전문 예술품 경매회사는 판매자의 물품을 거래하기 위해 카탈로그 등에 정보를 올리는 홍보 중개인(listing broker)에 그치지 않고, 구매자들의 관심을 끌어 그들이 원하는 작품을 살 수 있도록 연결하는 판매중개인과 유사한 지위를 인정할 수 있어야 한다. 오늘날 전문 예술품 경매회사는 성공적인 경매결과를 낳기 위해 판촉 및 홍보 활동을 활발히 하고, 경매를 준비하고 협상하는 과정에서 작품의 진본성 및 가치에 대한 문의를 받고 해당 작가 및 작품에 대한 동향, 투자 효과, 재정 상황 등에 대해 조언을 하면서 구매자들의 이익을 대변해 주는 듯한 인상을 풍긴다. 보통의 경우 전문 예술품 경매회사는 구매자와 구두나 서면으로 명시적 대리관계를 맺는 경우가 매우 드물고, 일반인보다 우수한 전문성과 경험을 바탕으로 경매 물품에 대한 감정을 내놓으면 구매자는 그 결과를 투자 판단의 기준으로 삼을 뿐 전문 예술품 경매회사의 행동을 지배한다고 보기 어렵다.[213] 반대로 구매자가 갤러리, 박물관, 딜러, 전문 컬렉터처럼 상당한 수준의 전문성과 안목을 갖추고 있다면 양자는 더더욱 대리관계가 아닌 독립적인 거래 주체로 보아야 할 것이다. 그런데 이렇게 좁은 요건을 설정하더라도 상반된 이해관계를 가지는 양 당사자를 쌍방대리(dual agency)하는 경우 생기는 이익 상충의 문제는 여전히 남게 된다. 예술품의 경우 부동산 및 기타 재화처럼 객관적인 공시지표가 없어 가치 산정이 어렵고 감정실패의 위험성이 늘 내재되어 있음을 생각한다면 예술시장에서 이익 상충의 문

213 *Fenton v. Freedman*, 748 F.2d 1358.

제는 더욱 복잡하고 첨예하게 나타날 수 있다. 상반된 동기를 지닌 양 당사자들을 위해 같은 수준의 주의의무로 신의 성실하게 행동하며 본인이 알아야 하는 모든 관련 사항을 완전히 공개할 것을 기대하기란 불가능하다. 우리나라의 민법과 상법에서도 쌍방대리를 원칙적으로 금지하고 있으므로 전문 예술품 경매회사에 대하여만 예외적으로 쌍방대리를 허용하기란 어려울 것이다. 의뢰인의 중개위임을 받아 타인 간의 계약체결에 힘쓰면서 시장 시세, 상대의 신용상태, 물품 상태 등에 관한 자료를 제공하는 중개인은 선관주의 의무로서 의뢰인에 대하여 중개대상물에 대한 형식적 확인·설명 의무를 진다.[214] 그런데 거래 대상물에 대한 조사·확인 의무는 전문 예술품 경매회사가 중개인인지 위탁매매인인지의 법적 지위 여하에 따른 것이 아니라 전문 예술품 경매회사가 제공한 감정과 상담을 신뢰하여 거래에 이른 상대방에 대해 신의성실의 원칙상 도출되는 것이다.[215]

전문 예술품 경매회사의 충실의무는 대리관계가 아닌 신인 관계하에서 도출된다고 보는 것이 맞을 것이다. 영미법상 신인의무(fiduciary duty)는 어떤 합의된 내용의 관계하에서 상대방 당사자의 이익을 위해 충실하게 행위를 해야 하는 의무를 통칭하며, 대리관계는 그러한 신인의무가 발생하는 대표적인 예에 해당할 뿐이다. 나아가 전문 예술품 경매회사가 작품에 대한 감정을 제공하고 보증정책을 운용한다는 점에서 구매자와 충실하고 성실하게 거래에 임해야 하는 신인의무가 존재한다고 보아야 한다.

214 정찬형, 앞의 책, 273쪽.

215 대법원 2008. 3. 13 선고 2007다73611 판결.

대리인 모델을 취하는 경우 전문 예술품 경매회사가 감정실패로 인한 책임을 일정부분 구매자에게 부담해야 한다는 요청에는 부합하되, 진본성에 대한 일반적인 보증을 제공한다는 것이 아니라, 대리관계의 요건에 충족될 경우에만 책임을 지게되는 유연성이 그 장점이다.[216] 즉, 구매자가 전문 예술품 경매회사의 행동을 지배하고 전문 예술품 경매회사가 자신을 위해 행동한다고 합리적으로 여긴 경우 등 대리관계가 인정되는 때에만 책임을 인정하는 것이다. 하지만 이는 확실성의 감소와 소송의 증가에 따른 비용증가를 일으킨다는 단점이 있다. 더욱 본질적으로는 감정인 또는 전문 예술품 경매회사에게 구매자에 대한 대리인 또는 신인의무를 구성하는 법적 논거가 부족하며 이는 오히려 판매자와 구매자에 대해 이중대리로서 이해상충을 일으킬 수 있다는 문제가 있다. 대리법에 관한 심층적인 검토 없이 상대적으로 취약한 지위에 놓여 있는 구매자를 보호해야 한다는 요청만으로 무리하게 대리관계를 확장시키려는 시도는 해당 법리의 독자성을 저해하는 것이다. 미국에서 부동산의 판매중개인에 대하여 이중대리를 제한적으로 인정하고 있기는 하나, 이를 우리나라의 전문 예술품 경매회사에 유추하기에는 어려움을 살펴보았다. 하지만 거래에 관여하는 전문 예술품 경매회사에게 신의성실의 원칙에서의 거래 대상물에 대한 조사 및 확인 의무를 인정할 수 있을 것으로 보인다. 미국 법원에서 전문 예술품 경매회사의 구매자에 대한 '이중 충실의무'를 인정하며 선의로 공정한 거래를 해야 한다고 요청한 것도 동일한 취지로 이해할 수 있을 것이다.[217]

216 Gerstenblith, *supra* note, 559.

217 손보미, 앞의 논문, 28-29쪽.

2.3 무과실책임

무과실책임(strict liability)은 엄격책임으로 불리기도 하며, 일반적으로 피고가 안전의무에 대한 절대적인 의무가 있는 상태에서 그 의무를 위반하였고 이와 관련하여 사실상, 법률상 인과관계가 존재하여 원고의 신체 혹은 재산상 손해가 발생하는 경우 성립된다. 보통 동물(trespassing animal, wild animal, domesticated animal)과 관련된 경우 및 각종 폭발물, 화학물, 원자력 등 극심히 위험한 행위(ultrahazardous activity)와 관련된 경우 무과실책임을 부담하게 된다. 이에 대한 항변 사유로는 원고의 상대적 과실(comparative fault)이 있으며 일종의 과실상계 주장을 통해 배상액의 감경을 시도할 수는 있다.[218] 구매자에 대해 전문 예술품 경매회사의 일방적 우월적 지위를 고려할 때 전문 예술품 경매회사에 과실이 없더라도 사회적 연대와 공평의 관점에서 고가의 예술품을 구매하는 과정상 전문가로 인해 겪게 되는 금전적 손실은 물론 정신적 충격까지 배상이 필요하다는 견해도 있는데,[219] 영미법상의 무과실책임(strict liability)은 말 그대로 극히 특수한 경우에만 제한적으로 적용되는 매우 엄격한 책임의 원칙인바, 결론적으로 말해 경매를 포함한 일반적인 상거래(경매 포함)에는 절대로 적용이 불가한 이론이다.

사실상 예술시장의 주요 주체이자 일반 시민들의 생활영역에 상당한 영향력을 미치는 전문 예술품 경매회사는 기업 책임의 일환으

218 강서구,《미국법의 이해》(체크박스 한메소프트, 2015), 172-173쪽.

219 Raul Jáuregui, *Rembrandt Portraits: Economic Negligence in Art Attribution,* 44(6) UCLA L. Rev. 1947, 2024 (1997).

로 일방적인 이익 추구나 독선적인 경영을 지양하고 사회에 대해 공공성, 공익성을 수행해야 할 사회적 책임을 진다. 아울러 우세한 지식 및 전문성을 가진 전문 예술품 경매회사는 일반 구매자들과 불평등한 거래 지위에 있다고는 하나, 무과실책임이 인정되는 경우는 지극히 한정적이고, 예술거래에 무과실책임을 묻는다는 것은 사실상 불가능하고 비합리적이기에 전문 예술품 경매회사에 무과실책임 모델을 적용하기는 어렵다. 하지만 소더비나 크리스티와 같이 세계 예술시장에서 상당한 점유율을 가진 상태로 가격결정 및 시장형성의 힘을 발휘하고, 무과실책임의 부가를 원인으로 한 비용증가를 적절하게 내·외부화 할 수 있는 능력이 있는 메이저 전문 예술품 경매회사들에 대해서 생각해 볼 수는 있을 것이다. 훗날 사회적 합의 혹은 지속적인 연구를 통한 법제도 해석 변경 등의 사유로 인해 무과실책임이 예술품 경매 절차에까지 준용되게 될 경우, 전체 구매자들에게 약간의 비용증가를 가져오는 대신 경매회사가 손해를 부담함으로써 분쟁 해결의 확실성을 높이고 여러 가지 입증절차를 효율화하는 등 사실상 경제적 합리성에 부합할 수도 있다. 나아가 전문 예술품 경매회사가 작품의 감정 시 더욱 집중하여 미리 사고 발생의 가능성을 감소시키는 결과 때문에 구매자들을 광범위하게 보호해주는 효과도 있을 것이다.

2.4 전문가 책임

오늘날 예술전문가라는 용어는 어렵지 않게 접할 수 있다. 이들은 국가고시 또는 자격시험으로 선별된 특정 집단은 아니지만, 예술사를 전공하였거나 교수, 큐레이터, 전문 예술품 경매회사, 딜러 등의 경력을 갖춘 자, 예술 비평가나 감정가 등을 가리킨다.

전문가 책임(malpractice)은 원래 의사, 변호사, 회계사 등과 같이 고도의 전문성을 가지고 사회 전반의 이익과 연관되어 있는 일에 종사하는 직군들을 중심으로 논의되었다. 이들에게는 전문가로서 높은 수준의 주의의무가 요구되며, 책임요건이나 입증수준의 완화를 통해서 이를 다하지 못해 손해를 입은 상대방에 대해서 엄중한 책임을 진다. 소더비와 크리스티와 같은 전문 예술품 경매회사는 감정을 위한 국제적 네트워크를 갖추고 있고, 그들이 보증한 작품들은 진품으로서 통용이 될 것이며, 이들이 제시한 가격은 장기간의 거래기록과 면밀한 감정에 근거하여 책정된 것이라는 공신력을 얻고 있을 것이다. 그러한 점에서 전문가 책임의 적용을 검토해 볼 수 있다. 전문 예술품 경매회사의 감정 수준을 향상시키는 동시에 능력 밖의 불합리한 책임에 휘말리지 않도록 하기 위해서는 우선 전문가집단을 특정할 수 있는 객관적 기준이 있어야 할 것이며 지나친 책임을 전문가에게 부과하여 소극적이고 방어적인 업무수행 태도를 유발하는 것에 대해서는 주의를 해야 한다. 사회 전체적 측면에서 예술전문가의 활동으로 인한 이익을 극대화하고 과실로 인한 손해를 최소화할 수 있는 적절한 규제 수준을 마련하는 것이 중요하다.[220]

220 곽관훈, 〈전문가의 주의의무와 책임〉, 《한양법학》(한양법학회) 제28권(2009), 47-68쪽.

3 약관 관련 국내외 주요 규제사항

3.1 우리나라

1) 개설

사업자와 고객 사이의 거래는 매매 등의 계약관계를 기초로 하며 그러한 계약은 대부분 사업자 측이 일방적으로 계약의 내용이나 조건을 정해놓은 약관에 의해 체결된다. 하지만 대형 사업자는 자신이 가진 거래상의 우월한 지위를 악용하여 계약상 수반되는 각종 위험을 고객인 상대방에게 전가시키는 등 많은 조항 내용을 본인에게 유리하도록 구성할 가능성이 크다. 고객은 이러한 조항을 간과하기 쉬우며, 설사 알았다고 하더라도 개별적으로 수정하기가 쉽지 않다. 대부분 동종업계에서는 같은 내용의 약관을 사용하기 때문에 사업자를 선택할 권리도 사실상 제한된 셈이다.[221] 이에 상대적 약자의 위치에 있는 거래 상대방(소비자)을 보호하고 상거래상 약관을 이용하는 거래에 대한 공정성을 확립하는 것이 매우 중요한바, 불공정 약관에 대한 규제가 필요하다. 약관의 규제에 관한 법률(이하 '약관규제법'이라 한다)에서는 "사업자가 그 거래상의 지위를 남용하여 체결한 불공정한 내용의 약관을 규제함으로써 건전한 거래질서를 확립하고, 이를 통하여 소비자를 보호하고 국민 생활을 균형 있게 향상하는 것을 목적으로 한다"고 규정하고 있다.[222]

221 사법연수원,《약관규제와 소비자보호 연구》(고양: 사법연수원, 2010), 4쪽.
222 약관규제법 제1조(목적).

2) 주요 부분 표시의무

복잡한 내용으로 구성된 약관에 따라 계약의 체결과 거래가 이루어지는 상황이 점차 증가하고 온라인상을 통한 각종 거래가 낯설지 않은 오늘날 약관상의 주요한 내용을 명시함이 없이 사업자가 단순히 계약내용을 설명하는 것만으로는 해당 계약에 대하여 고객의 정확한 이해를 확신하기 어렵다.[223] 약관규제법 제3조 제1항[224]에서는 원칙적으로 "사업자는 약관을 작성하는 경우 대상 고객이 해당 약관의 주요 내용을 쉽게 알아볼 수 있도록 표준화, 체계화된 한글 용어를 사용하고 약관의 주요 내용을 명확히 표시하도록" 하고 있다.

3) 명시·교부·설명의무

약관은 형태, 명칭 혹은 범위를 불문하고 계약의 일방이 상대방 다수와의 계약체결 시 사전에 정해 놓은 정형화된 계약의 내용으로 약관규제법상 설명의무를 명시하고 있다.

(1) 명시·교부 의무

약관이 거래 대상이 되는 계약 내용에 편입되는 것을 전제로, 약관 내용을 계약상의 종류에 따라 통상적으로 예상되는 방법으로 명시할 의무가 있다. 이는 사업자가 약관의 내용을 고객이 인식할 기회를 제공하는 것을 의미하므로 약관의 내용을 인지할 가능성을 제공하면 충분한 것이고 고객이 현실적으로 약관 내용을 알도록 해야 하는 것은 아니다.[225] 그러나 온라인 계약의 경우와 같이 고객이 컴

223 공정거래위원회,《약관규제의 실제》(공정거래위원회, 2008), 32-33쪽.

224 약관규제법 제3조(약관의 작성 및 설명의무 등).

퓨터 화면을 통하여 계약을 체결하는 경우에는 설명의무를 이행할 수 없게 되어 명시의무가 오프라인 계약보다 훨씬 중요한 역할을 하게 되므로 오프라인 계약보다 더 엄격한 명시교부의무를 부과하여 고객이 계약을 잘 인식할 수 있도록 해야 한다.[226] 약관의 명시는 "계약의 종류에 따라 일반적으로 예상되는 방법"으로 행해져야 한다. 대법원은 "아주 작은 활자로 인쇄되어 있어서 눈에 잘 띄지 않는 곳에 기재되어 있는 경우에도 일반적으로 예상되는 방법으로 명시되었다고 할 수 없다"라고 판시하였다.[227] 서면에 의한 계약체결의 경우 계약서에 약관을 인쇄해 놓거나 약관이 기재된 별도의 서면을 계약서에 첨부해야 하며 구두에 의하였으면 계약체결 전이나 직후에 약관이 기재된 서면을 내주거나 보내야 한다. 사업자의 영업소에서 계약이 체결되는 경우에는 영업소 내에 약관을 비치하여 고객이 가져갈 수 있게 하거나 눈에 잘 띄는 장소에 알기 쉽게 게시하는 방법으로 약관을 명시할 수 있다.[228] 그러나 광고에 약관 내용을 기재했다는 사실만으로 약관의 명시의무를 다했다고 할 수 없다.[229]

(2) 설명의무

일반 고객이 계약체결 시 약관 내용을 모두 읽은 후 계약을 체결한다는 것은 사실상 불가능할 뿐만 아니라 어려운 용어와 복잡한 설명을 정확히 이해하는 것은 기대하기 힘들다. 따라서 약관규제법 제

225 공정거래위원회, 앞의 책, 33쪽.
226 위의 책, 34쪽.
227 대법원 1990. 4. 27 선고 89다카24070 판결.
228 약관규제법 제3조(약관의 작성 및 설명의무 등).
229 이은영, 《약관규제법》(박영사, 1994), 117쪽.

3조 제3항[230]에서 사업자는 약관에 정해져 있는 중요한 내용으로서 고객이 계약을 체결하면서 예상하기 어려운 조항은 고객이 이해할 수 있도록 설명해야 하도록 하고 있다. 설명의무는 고객의 이해를 돕기 위한 부차적인 사항이며 그 자체가 목적이 아닌바, 설사 중요한 내용이라도 본인 스스로 약관을 이해할 수 있다면 설명의무는 문제가 되지 않는다. 즉, 고객이 정말 그 내용을 알았는지와 무관하게 해당 사업자는 약관의 설명의무를 이행한 것으로 간주한다.[231]

약관규제법 제3조 3항의 설명의무에 해당하는 중요한 내용은 당해 고객의 이해관계에 큰 영향을 미치기 때문에 계약을 체결할 때 "반드시 알아두어야 할 사항으로서 사회 통념상 당해 사항에 대해 알고 있는지가 계약체결의 여부에 영향을 미칠 수 있는 사항"이다.[232] 관련 판례[233]에 따르면 "보험약관과 관련하여 일반적으로 보험자 및 보험계약의 체결 또는 모집에 종사하는 자는 보험계약의 체결에 있어서 보험계약자 또는 피보험자에게 보험약관에 기재되어 있는 보험상품의 내용, 보험료율의 체계 및 보험청약서상의 기재사항 변동사항 등 보험계약의 중요한 내용에 대하여 구체적이고 상세한 명시·설명의무를 진다"고 한다. 또한, 명시·설명의무는 "보험계약자가 인지하지 못하는 상황에서 약관의 주요 부분이 계약의 내용에 포함되어 보험계약자가 미처 예상치 못한 불이익을 받는 상황을 피하고자 하는 취지"인바, 약관상 정해진 내용이라고 해도 통상적

230 약관규제법 제3조(약관의 작성 및 설명의무 등).

231 공정거래위원회, 앞의 책, 35쪽.

232 이은영, 앞의 책, 118쪽.

233 대법원 2014. 7. 24 선고 2013다217108 판결.

이고 일반적인 공통내용이어서 보험계약자가 익히 잘 알고 있거나 별도의 설명 없이 충분히 예상 가능한 사항 혹은 이미 법령으로 정해진 것을 부연하여 되풀이하는 것에 불과한 정도라면 명시 설명의무의 대상에 해당하지 않는다고 한다. 다만 약관규제법 제3조 제3항의 단서에 의해 온라인 계약의 경우와 같이 고객이 "계약의 성질상 설명이 현저하게 곤란한 경우에는 설명의무가 면제"되는데, 컴퓨터 화면을 통해 계약이 진행되는 경우에는 사실상 설명의무가 무의미하게 된다.[234] 대법원 판례[235]에 따르면 약관규제법 제3조 제3항에 따라 사업자가 명시 설명의무를 위반한 채 계약을 체결할 때는 그 약관을 계약내용으로 주장할 수 없다. 이 경우 손해를 입은 당사자의 주장이 있어야 해당 약관이 계약내용으로 편입되지 않으며 사업자에게 설명의무 이행에 대한 입증책임이 있다.[236]

3.2 미국

1) 개설

미국에서의 불공정 약관에 대한 규제도 영국과 마찬가지로 법원이 면책약관의 계약조항이 공서양속에 어긋난다는 이유로 무효라는 판결을 하면서부터 시작되었다.[237] 이러한 판례의 입장은 U.C.C.에 성문화되었고, 법적 구속력은 없으나 부차적인 법원의 역할을 하는

234 공정거래위원회, 앞의 책, 136쪽.

235 대법원 2014. 7. 24 선고 2013다217108 판결.

236 이은영, 앞의 책, 119-120쪽.

237 김영주, 〈미국판례법상 비양심성 법리의 전개〉, 《기업법연구》(한국기업법학회) 제27권, 제2호(2013), 95쪽.

리스테이트먼트(Restatement (second) of contracts, 이하 '제2차 리스테이트먼트'라 한다)에서도 약관계약과 관련하여 전통적인 계약법을 수정하고 있다.[238] 미국법에서의 약관에 대한 해석통제로는 작성자 불이익 원칙,[239] 합리적 기대(reasonable expectations)의 원칙, 평등 취급의 원칙[240] 등이 있으며, 불공정성 통제로는 법원에 의하여 실질적·절차적으로 적용되는 비양심성(unconscionability)의 법리가 있다.[241]

2) 편입통제

미국의 편입통제는 약관조항이 계약서에 포함된 경우에 계약서에 서명하면 약관조항이 계약내용으로 편입되는 것을 원칙으로 한다. 다만 약관조항의 포함 여부를 기대하기 어려운 때에는 포함된다는 사실을 고객에게 충분히 통지하지 않았다면 계약내용으로의 편입을 부정할 것이다. 사업자는 약관조항이 계약서에 포함되어 있지 않은 때에는 약관을 비치하여 고객이 읽어볼 수 있도록 하여야 한다.[242] 다만, 법원은 신속한 계약체결이 필요한 영역에 있어서 고객이 약관조항을 읽어볼 수 있어야 하는가에 대하여는 그 필요성을 부정하였다.[243]

---

238 한기정, 〈미국 약관규제법에 관한 소고〉, 《법학논집》(이화여자대학교 법학연구소) 제6권, 제1호(2001), 311쪽.

239 Restatement (second) of contracts §206. Interpretation against the draftsman.

240 Restatement (second) of contracts §211(2).

241 이금노, 《소비자권익 관점의 약관규제 개선방안 연구—정책연구 14-22》, 《정책연구보고서》(한국소비자원, 2015), 35-40쪽.

242 이선형, 〈약관규제법상의 고객 보호의 법리 연구〉(박사학위 논문, 제주대학교, 2017), 63쪽.

243 *Hill v. Gateway 2000, Inc.*, 105 F. 3d 1147 (7th Cir. 1997).

3) 해석통제

고객 유리의 해석원칙은 미국에서의 해석통제 기능을 하고 있다. 이 원칙은 전통적으로 계약조항의 불명확성의 해소는 물론이고, 고객과 사업자 간에 생길 수 있는 불공정을 규율하는 역할도 해왔다.[244] 제2차 리스테이트먼트 제206조가 규정하는 고객 유리의 해석원칙의 적용은 약관계약만 한정되는 것은 아니다. 고객 유리의 해석원칙은 사업자가 불명확한(vague) 조항을 사용하는 것을 억제시켜 약관에서 사용되는 용어의 획일성(uniformity)을 향상시키고, 이로 인해 계약법의 일관성(coherence)을 유지시키는 기능을 한다.[245] 합리적 기대의 원칙은 약관조항이 불명확하지 않은 때에도, 당사자의 합리적인 기대에 반하는 내용을 담고 있다면, 해당 내용을 무효로 하기 위한 해석원칙이라고 한다.[246] 평등 취급의 원칙은 약관조항의 의미를 이해하고 있는 고객이 그렇지 않은 고객에 비교해 불이익을 입는 것을 방지하기 위한 해석원칙이다.[247]

4) 불공정성 통제

미국의 판례이론 중 하나인 비양심성의 법리는 가난한 자, 약한 자, 어리석거나 무모한 자를 보호해야 한다는 이념이 계약법에 반영된 것이다.[248] 사업자는 상대적으로 경제적 약자인 상대방의 이익을 보

---

244 박설아, 〈약관의 해석에 관한 연구〉(박사학위 논문, 서울대학교, 2016), 211쪽.

245 David Horton, *Flipping the Script: Contra Proferentem and Standard Form Contracts*, 80 U. Colo. L. Rev. 431, 457-472 (2009).

246 Roger C. Henderson, *The Formulation of the Doctrine of Reasonable Expectations and the Influence of Forces outside Insurance Law*, 5 Conn. Ins. L. J. 69, 72 (1998).

247 한기정, 앞의 논문, 331쪽.

호하기 위해서 고객이 현실적인 인식을 할 수 있게끔 계약내용을 알리는 것을 요구하며, 법이 허용하지 못한 정도로 상대방에게 불리한 약관조항은 불공정한 것이다. 다만 제2차 리스테이트먼트 제208조와 U.C.C. 제2-302조에서 규정하고 있는 비양심성의 개념은 그 용어 자체로 추상적인 개념에 불과하기에 명확한 기준을 제시하지는 못하고 있다.[249]

비양심성(unconscionability)이란 계약내용 자체에 대해 그 공정성에 대한 문제 제기이다. 계약자유의 원칙 아래에서 영미 계약법은 계약내용에 대한 개입을 될 수 있으면 하지 않았으나 그간 비양심성 및 불공정 관련 판례가 축적됨에 따라 비양심성도 계약 성립상 항변 사유가 되기에 이른다.[250] 이와 관련하여 U.C.C. 제2-302조[251]는 "법원이 법적 문제로서 계약이나 그 계약의 특정 조항이 계약의 체결 당시에 비양심적이라고 판단하면 계약의 이행강제가 거부되거나, 나머지 부문만의 이행을 강제하거나, 비양심적 결과의 회피를 위해 해당 조항의 적용을 제한할 수 있도록" 규정하고 있고, 제2차 리스테이트먼트 제208조[252]는 "계약이나 그 조항이 계약체결 당시에 비양심적이라면 법원은 계약의 이행 강제를 거부하거나 그 비양심적 계약조항 없이 나머지 부분만을 강제하거나 비합리적 결과를

---

248 Hanoch Dagan, Avihay Dorfman, *Just Relationships*, 116(6) Colum. L. Rev. 1395, 1425 (2016).

249 Robert A. Hillman, *Debunking Some Myths about Unconscionability: A New Framework for U.C.C. Section 2-302,* 67 Cornell L. Rev. 1, 15 (1981).

250 Restatement (second) of contract §208, U.C.C. §2-302.

251 U.C.C. §2-302. Unconscionable contract or clause.

252 Restatement (second) of contracts §208. Unconscionable contract or term.

피하고자 비양심적 계약조항의 적용을 제한할 수 있다"라고 규정한다.[253] 통상적으로 불공정하고 기습적(unfair surprise)이면서 일방에 강압적인(oppressive) 내용은 비양심적으로 간주하며 그 판단 시점은 계약체결 시이다.

법원은 절차상 비양심(procedural unconscionability)과 내용상 비양심(substantive unconscionability)으로 구별하는데, 절차적 비양심성이란 계약의 중요한 내용이 작은 글씨로 인쇄되어 있거나 뒷면에 숨겨져 있는 경우, 주요 조항이 어려운 전문용어 등으로 표현되어 일반인이 쉽게 알아보거나 이해하기 힘들게 해놓는 등 계약의 체결 과정상 발생하는 비양심적인 요소들을 말하는데, 당사자 한쪽의 열등한 지위(inferior bargaining position)로 인한 절차적 비양심의 문제도 포함된다. 실체적 비양심성이란 계약내용이 한쪽 당사자에게만 일방적으로 유리하고 다른 쪽에는 현저하게 불리한 경우와 같이 심각하게 형평성에 어긋나는 경우이다. 이러한 비양심의 문제는 일반적으로 한쪽 당사자가 거래상으로 매우 우월한 위치에 있고 상대적으로 열악한 상황인 거래 상대방을 조종할 수 있는 경우 발생하는데, 인쇄된 정형 계약, 즉 약관 계약상 품질보증(warranty)의 포기 등을 작은 글씨(boilerplate)로 인쇄한 경우 설사 당사자 간 이에 관해 이야기를 나누었다고 해도 무효로 간주한다. 이러한 비양심성의 이론은 법원이 판례를 통하여 확대한 이론으로서, 비양심성이 인정되면 계약 전부에 대해 법원의 제재를 받거나 비양심적으로 판단된 특정 조항을 제외한 나머지 조항만 유효하다고 인정받거나 계약의 수정을 명령할 수

253 한기정, 앞의 논문, 332쪽.

있지만, 법원은 이러한 이유로 계약에 관여하는 것을 매우 신중하게 판단한다.[254]

3.3 영국

1) 개설

영국은 면책약관규제에 관한 판례법이 형성되면서,[255] 소비자 보호의 필요성을 느껴 자체적으로 개별적인 특별법의 형식으로 소비자 관련 법률을 제정하였다.[256] 영국에서 약관의 규제와 관련하여 대표적인 법률은 〈1977년의 불공정계약조항에 관한 법률(Unfair Contract Terms Act 1977, 이하 'UCTA 1977'이라 한다)〉과 〈1999년의 소비자계약에서의 불공정조항에 관한 규칙(Unfair terms in consumer contracts regulations 1999, 이하 'UTCCR 1999'라 한다)〉이 있다. 영국의 소비자 관련 법률은 EU의 입법지침을 반영하여 간이로 제정한 것이나, 기존 법률도 병존하는 복잡한 법상황이 발생하게 되었다.[257] 이와 같은 법상황과 함께 영국의 소비자 관련 법률의 개편에 대한 공감대가 형성되어 2015년 10월 1일부터 소비자권리법(Consumer rights Act 2015)이 시행되었다.[258] 따라서 2015년 10월 1일 이후에 체결된 소비자계약에 대하여는 소비자권리법이라는 단일한 법령의 규율을 받게 되었

254 명순구, 앞의 책, 99-102쪽.

255 *Pearson (S) & Son Ltd v. Dublin Corporation* [1907] AC 351.

256 이병준,《현대 시민사회와 소비자계약법》(집문당, 2013), 194-195쪽.

257 위의 책, 196-197쪽.

258 이은희, 〈소비자기본법의 기본법으로서의 과제와 전망〉,《소비자문제연구》(한국소비자원) 제46권, 제3호(2015), 210쪽.

다.[259] 소비자권리법 제2부는 소비자계약에서의 불공정조항에 대하여 규율하는 등 약관규제에 관한 내용을 다수 포함하고 있다.[260]

2) 편입통제

불공정성 통제에 대해 규율하고 있는 성문법인 UCTA 1977이 제정되기 전에는 약관의 내용통제에 대한 영국의 판례는 주로 편입통제를 중심으로 이루어졌다.[261] 우선, 약관의 편입을 위해서는 계약문서에 고객이 서명하는 것이 필요하며, 서명이 없을 경우에는 교부·비치된 문서에 포함된 계약조항에 대해서 사업자가 합리적인 통지를 한 경우에만 약관을 계약내용으로 편입시킨다.[262] 다만 그러한 통지는 묵시적으로도 가능하고,[263] 계약조항의 이례적인 내용에 대해서 합리적 통지(reasonable notice)를 인정받기 위해서는 계약조항을 눈에 잘 보이도록 하는 것과 같은 특별한 수단이 필요할 것이다.[264] 문서의 교부나 비치는 계약체결 이전이나 적어도 동시에 행해져야 한다.[265]

259 Ewan McKendrick, *Contract law: text, cases, and materials*, 7th ed. (Oxford: Oxford University Press, 2016), 459.

260 *Ibid.*, 460.

261 한기정, 〈영국 약관규제법에 관한 소고〉, 《법학논집》(이화여자대학교 법학연구소) 제5권, 제1호(2000), 287쪽.

262 *White v. Blackmore* [1972] 2 QB 651.

263 *Olley v. Marlborough Court Hotel Ltd* [1949] 1 KB 532.

264 *Interfoto Picture Library Ltd v. Stiletto Visual Programmes Ltd* [1989] QB 433.

265 *Thornton v. Shoe Lane Parking Ltd* [1971] 2 QB 163.

3) 해석통제

약관에 의한 계약에 대한 영국의 해석통제는 판례법[266]을 통하여 인정된 작성자 불이익 원칙에 따라 이루어진다. UTCCR 1999 제7조 제2항은 명문으로 이를 규정하고 있다. 영국에서는 작성자 불이익 원칙과 구별하여 엄격해석(strict interpretation)의 원칙에도 의미를 부여한다. 엄격해석의 원칙은 약관에 의한 계약이나 소비자계약에서 나타나는 면책조항에 주로 적용이 된다. 한편, 영국의 경우에는 약관의 기능을 고려해서 정형적 해석을 하는 때도 있으나, 이러한 해석방법이 계약법의 해석에 관한 일반원칙을 배제하는 것은 아니라고 한다.[267]

4) 불공정성 통제

UCTA 1977은 면책조항을 중심으로 불공정한 조항을 규제한다. 이는 약관에 의한 계약은 물론 소비자로서 거래한 일반계약에도 적용된다.[268] 다만 UCTA 1977은 불공정조항이 무엇인지에 대하여 일반적 기준을 제시하고 있지는 않으며, 불공정하다고 예견되는 계약조항의 경우를 열거하고 있다. UCTA 1977은 합리성 기준(reasonableness test)에 의하여 계약 당사자의 권리와 의무가 공정하고 합당하게 분담되었는지를 평가한다.[269] 다만 합리성 기준에 의하면

---

266 *Houghton v. Trafalgar Insurance* [1954] 1 QB 247.

267 김진우, 〈약관의 해석에 관한 일고찰—객관적 해석과 작성자 불이익의 원칙의 유럽법과의 비교를 통한 검토〉, 《재산법연구》(한국재산법학회) 제28권, 제3호(2011), 183쪽.

268 UCTA 1977 §3. Liability arising in contract.

269 이은영, 앞의 책, 40쪽.

개별적 사정을 고려할 수 있어 구체적 타당성에 부합하는 결과를 도출할 수 있지만, 법적 안정성은 감소할 수 있다.[270] UTCCR 1999는 약관에 의한 계약을 포함한 소비자계약에 한정하여 적용되며,[271] 신의성실의 원칙에 반하는 계약 당사자들의 권리와 의무에 대한 중대한 불균형(significant imbalance)을 불공정성 판단의 일반적 기준으로 규정하고 있다. 다만 불공정성 통제의 방식으로 사법적 통제가 아니라 공정거래청(the Office of fair trading)을 중심으로 한 행정적 통제의 방식을 채택한다.[272] 그런데 UCTA 1977과 UTCCR 1999는 서로 우열관계에 있는 것이 아니어서 내용과 효력이 충돌할 여지도 있다는 문제점이 제기되었다.[273] 영국은 이와 같은 문제점을 해결하는 방법으로 통합법의 형식에 의한 규율이 필요하다고 인식하고, 소비자권리법을 제정하였다.[274] 소비자권리법은 기본적으로 UTCCR 1999에서 정하고 있는 불공정조항에 관한 정의를 그대로 유지하고 있다.[275] 소비자권리법은 별표2의 제1부에 20개 조항의 'grey list'를 두고 있으며, 불공정조항으로 평가된 조항에 대하여 법원에 사용금지명령(injunction)을 신청할 수 있도록 한다. 법원은 소비자권리법 제71조에 따라 당사자가 계약조항의 공정성에 대하여 다투지 아니한 경우에도 공정성 심사를 할 의무가 있다.[276] 영국의 소비자권리법이 소비

270 Jack Beatson, Andrew S. Burrows, John Cartwright, *Anson's Law of Contract*, 30th ed.(Oxford: Oxford University Press, 2016), 218.

271 UTCCR 1999 §4(1).

272 이병준, 앞의 책, 200-204쪽.

273 이호정,《영국계약법》(경문사, 2003), 165-166쪽.

274 이선형, 〈약관규제법상의 고객 보호의 법리 연구〉(박사학위 논문, 제주대학교, 2017), 61쪽.

275 Consumer rights Act 2015 §62(4).

자의 권리를 보호하기 위한 입법으로 완벽한 것은 아니지만, 이처럼 적어도 소비자계약에서의 불공정조항을 규제하면서 종래 UCTA 1977과 UTCCR 1999의 적용 때문에 생기던 모순점을 제거하였다는 점에 대하여는 긍정적인 평가를 받고 있다.[277]

4 경매 절차와 관련된 기타 법률관계

4.1 예술품 경매약관

1) 개설

예술품 경매회사는 대부분은 약관을 통해 고객과 거래를 진행하고 있으므로 경매회사의 예술품 거래는 경매회사가 사전에 마련해 둔 약관의 적용을 받게 된다. 판례는 "일반거래약관이 계약의 내용으로 되어 계약 당사자에게 구속력을 갖게 되는 근거는 그 자체가 법규범 또는 법규범적 성질을 갖기 때문은 아니며 계약 당사자가 이를 계약의 내용으로 편입하기로 하는 명시적 또는 묵시적 합의를 했다고 보기 때문"[278]이라고 한다.

약관을 통한 거래에서의 가장 큰 문제점은 계약자유의 원칙을 근거로 하여 사업자가 약관에 의해 거래상 발생하는 위험을 피함과 동시에 그것들을 모두 소비자의 부담으로 전가할 수 있다는 점이다.

276 Consumer rights Act 2015 §71(2).

277 이은희, 앞의 논문, 218쪽.

278 대법원 1986. 10. 14 선고 84다카122 판결.

고객의 입장에서는 자신이 결정하지 않는 계약조건에 따라 법률관계가 형성되는 결과가 초래되기 때문에 불이익을 받을 위치에 놓이게 된다. 약관에 의한 거래는 고객이 진정으로 의도한 계약과는 다른 형태로 나타날 가능성이 크다.[279] 이하 케이옥션의 약관을 통해 주요 내용을 살펴보도록 한다.

2) 약관의 주요 내용

(1) 케이옥션

케이옥션의 약관은 경매의 목적, 주요 용어들의 정의, 경매의 시행, 제한보증, 제한 책임, 관할권과 준거법 등에 관한 총 19개 항의 조문으로 이루어져 있다.

주요 내용으로는 오프라인 경매약관 제3조[280]에서 케이옥션은 대리인 또는 매도인으로서 위탁자가 위탁한 예술품을 경매하면서 케이옥션은 위탁자의 대리인으로서 행위를 하고 경매계약은 매도인과 낙찰자 간에 성립한다고 규정하고 있다. 출품된 예술품의 전시회(옥션 프리뷰)와 직권취소에 관한 오프라인 경매약관 제4조[281]에서는 경매에 출품 예정인 경매 물품에 관한 공중에 개방되고 무료인 전시회를 개최하고 단독적이고 절대적인 재량에 따라 전시회 입장을 희망하는 자에게 자신이 만족할 만한 수준의 신원확인을 요구할 수 있으며 그 입장을 거부할 수 있다. 또한 전시회를 사전 공지 없이 취소

279 공정거래위원회, 앞의 책, 2쪽.

280 케이옥션 오프라인 경매약관 3. 대리인 또는 매도인으로서의 케이옥션.

281 케이옥션 오프라인 경매약관 4. 전시회.

할 수 있으며, 전시회의 장소·일시·기간을 변경할 수 있고, 재량에 따라서는 관련 전시회에 전시된 경매 물품을 당사의 경매에 부치지 않을 것을 결정할 수 있다고 규정하고 있다. 고객의 예술품 경매 응찰 등록과 관련하여 오프라인 경매약관 제5조[282]는 경매에 처음 응찰하는 응찰 희망자를 포함한 응찰 희망자는 관련 유의사항에 따라 해당 응찰등록신청서와 이에 명시되어 있는 서류 혹은 케이옥션이 서면으로 요구하는 기타 보충 서류를 작성 및 제출함으로써 응찰 등록이나 응찰 신청을 하고 특히 서면 응찰 또는 전화응찰 신청은 관련 유의사항에 기재된 바에 따라 실시되며, 등록 또는 신청의 불 시행, 지연 또는 등록 또는 신청과 관련한 오류 또는 누락에 대해서도 케이옥션은 그 사유를 불문하고 책임을 부담하지 않는다는 면책내용을 담고 있다.

한편 추정가 및 시작가와 관해서는 오프라인 경매약관 제6조[283]에서 각 경매 물품에 대하여 당해 경매 물품의 관련 경매기간에 낮은 추정가와 높은 추정가 또는 시작가를 한국 원화, 미국달러, 홍콩달러 및 중국 위안화로 경매도록 등에 제공할 수 있고 공지 없이 각 경매 물품의 경매 이전에 케이옥션의 단독적이고 절대적인 재량에 의해 변경될 수 있으며 특히 제공된 추정가 또는 시작가는 단지 응찰자의 편의를 위한 것일 뿐 경매 물품의 실가나 낙찰가를 의미하지 않기에 추정가 또는 시작가가 대외적으로 인용되는 것과 관련하여 아무런 책임도 부담하지 않는다. 나아가 경매도록 등에 한국 원화로 표시된 추정가 또는 시작가의 미국달러, 홍콩달러, 또는 중국 위안

282 케이옥션 오프라인 경매약관 5. 응찰 등록.

283 케이옥션 오프라인 경매약관 6. 추정가 및 시작가.

화로의 환산과 관련하여 발생한 어떠한 오류나 누락에 대해서도 그 사유를 불문하고 책임을 부담하지 않는다고 책임제한을 두고 있다. 책임제한과 관련한 내용과 관해서는 오프라인 경매약관 제15조[284]에 상세한 내용을 담고 있는데, 경매 물품과 관련하여 경매약관이나 유의사항과 관련하여 발생하는 문제에 대하여 응찰자 또는 낙찰자가 케이옥션 혹은 매도인에 대하여 청구할 수 있는 유일하고 배타적인 구제 방법은 해당 경매 물품의 구매가를 상한으로 한 손해배상 청구이고, 매도인은 모두 이익 또는 이자의 손실을 포함한 특별하고 간접적이며 후속적인 손해에 대한 책임을 부담하지 않으며 이자 및 환율 변동 등에 의해 발생한 어떠한 손해에 대해서도 배상할 책임을 부담하지 않는다고 명시하고 있다. 하지만 경매약관의 어떠한 사항도 케이옥션, 그 관리자, 직원, 피용인이나 대리인의 경매 실시 및 경매 물품의 경매와 관련한 작위·부작위로 인하여 발생한 사기, 사망 또는 인적 손해에 대한 케이옥션의 책임을 배제하거나 제한하지 않는다는 점은 명확히 하고 있다. 마지막으로 관할권과 준거법과 관련해서는 오프라인 경매약관 제19조[285]에서 다루고 있는데, 대한민국 법을 준거법으로 하고 발생하는 모든 분쟁에 대한 소송은 서울중앙지방법원에 전속적 관할이 있다.

(2) 마이니치 옥션

일본 마이니치 옥션 약관은 정보 등록, 입찰 방법, 낙찰 수수료, 낙찰 취소 등 총 11개 항목으로 이루어져 있는데, 주요 내용은 다음

284 케이옥션 오프라인 경매약관 15. 제한 책임.

285 케이옥션 오프라인 경매약관 19. 관할권과 준거법.

과 같다.

먼저 고객정보등록에 관한 경매약관 제1조[286]에서는 각종 개인정보의 사전 등록 및 보증금의 사전 납부에 대해 설명하고 있다. 경매약관 제4조[287]에서는 서면 입찰의 방법과 절차에 관해 규정하는데, 서면 입찰은 소정의 '입찰 의뢰서'에 개인정보 및 입찰 작품정보(로트·작가명·작품명·최고 입찰금액)를 기재한 후 이메일 또는 팩스로 신청 후 반드시 입찰서 도착 확인 전화를 해야 하고, 서면 입찰의 경우 입찰금액을 초과한 금액으로 낙찰받는 것은 불가능하며 동일 금액의 서면 입찰은 먼저 응한 고객에게 우선권이 주어진다고 명시하고 있다. 전화 입찰에 관한 내용은 경매약관 제5조[288]에서 설명하고 있고, 서면 입찰과 마찬가지로 입찰 의뢰서에 필요사항 및 '전화 입찰'이라고 기재 후 메일 팩스 우편으로 신청할 수 있지만, 전화국선 및 응대 인원수의 제약으로 인하여 전화 입찰은 원칙적으로 일정 금액의 하한가 이상 작품을 대상으로 하한가 이상으로 응찰하고자 하는 고객만 참가가 가능하도록 제한을 두고 있다. 또한 전화 불통, 전파 이상, 경매 절차 진행의 지연으로 인한 착발신 엇갈림 등 전화 입찰에 관하여 발생한 각종 손해에 대해 경매회사는 책임을 지지 않음을 명시하면서 이러한 상황을 대비하여 비상용 입찰금액을 제시하도록 독려하고 있다.

한편 경매약관 제10조[289]는 낙찰취소에 관해 규정하고 있다. 온라

286 Mainichi auction agreement for participation §1. Registration.

287 Mainichi auction agreement for participation §4. Absentee bidding.

288 Mainichi auction agreement for participation §5. Telephone bidding.

289 Mainichi auction agreement for participation §10. Cancellation for your winning lots.

인 카탈로그를 포함한 카탈로그의 기재정보 및 컨디션 레포트, 그 밖의 구두 또는 서면으로 제공된 정보는 어디까지나 경매사의 견해이며 절대적인 사실이 아님을 강조하고 있고, 어디까지나 참고정보를 제공하는 제공자로서 '상태 양호'라고 기재되어 있더라도 작품에 결함이나 수리 및 복구 등의 결점이 전혀 없음을 의미하는 것은 아니라는 점을 강조하고 있다. 경매회사의 제공정보와 실제 작품 상태와의 차이 등, 어떠한 이유로도 낙찰취소는 접수하지 않기 때문에 사전에 치수·제작 기법·결함이나 수리 및 복구사항 유무 등 작품의 상세한 상태를 확인 후 입찰에 참여하도록 권장하고 있다.

(3) 케이옥션과 마이니치 옥션 약관의 비교

케이옥션과 마이니치 옥션의 약관내용을 비교하여 보면 가장 큰 차이점으로 추정가가 없는 작품의 경매 진행이다. 이 제도는 케이옥션을 포함하여 국내 예술품 경매회사에서는 채택되지 않고 있는 매우 독특한 제도로서, 기존에 마이니치 옥션에 출품된 적이 없거나 낙찰 이력이 없는 경우 혹은 작품의 이력이나 출처가 불분명한 경우 추정가를 '미정(成り行き)'으로 하여 경매에 출품하게 되는데, 경매를 진행하는 경매사의 재량에 따라 매우 낮은 가격으로 시작하여 입찰 참여를 유도하게 된다. 몇 차례 추정가 없는 상태로 경매를 진행하였는데 꾸준히 일정 낙찰 결과가 나오면 그러한 결과를 근거로 차후에는 시작가와 추정가를 산정하게 된다. 아울러 이렇게 추정가 미정으로 기재된 품목 또는 정식적인 감정가·감정기관이 존재하지 않는 작가의 작품은 보증대상에 포함되지 않음도 주의하여야 한다.

4.2 담보책임

1) 하자담보책임

일반적으로 매매계약을 진행하는 과정에서 판매자는 자신이 판매하는 물건에 대해 일정한 품질보증을 하게 된다. 이는 물품매매에 있어서 때에 따라서는 구매자의 구매 여부 결정에 결정적인 영향을 끼칠 정도로 본질적인 사항이다. 민법 제580조[290]에 의하면 매매의 목적물에 하자가 있는 경우 매수인은 일정한 요건을 갖춘 때에 계약을 해제하고 손해배상을 청구할 수 있으며 때에 따라서 흠이 없는 완전물의 급부를 청구할 수 있다.[291] 민법 제580조 제2항과 민법 제578조[292]에 경매에 관한 내용이 있긴 하지만, 여기서 말하는 경매란 채무변제를 위한 강제경매 혹은 국세체납 등에 의한 국가기관의 공경매를 말하는 것[293]으로 일반 예술품 경매에는 해당하지 않지만, 예술품 경매의 전문성과 체계성, 그리고 오늘날 차지하는 위상 등을 고려한다면 해당 조문에서 말하는 경매의 범주에 예술품 경매까지 포함하여도 충분하다고 생각한다. 주의할 점은 상인 간의 거래일 때 상법 제69조[294]상의 매수인의 목적물 검사와 하자통지의무가 발생하는데, "매수인이 목적물을 받은 때에는 바로 이를 검사하여야 하며 하자 또는 수량의 부족을 발견한 경우에는 즉시 매도인에게 그 통지를 발송하지 아니하면 이로 인한 계약해제, 대금감액 또는 손해

290 민법 제580조(매도인의 하자담보책임).

291 곽윤직, 《채권각론》, 제6판(박영사, 2017), 147쪽.

292 민법 제578조(경매와 매도인의 담보책임).

293 대법원 2016. 8. 24 선고 2014다80839 판결.

294 상법 제69조(매수인의 목적물의 검사와 하자통지의무).

배상을 청구하지 못하고 매매의 목적물에 즉시 발견할 수 없는 하자가 있는 경우도 매수인이 6월 내에 배상을 청구해야" 한다. 다만 상법 제69조 제1항은 민법상 매도인의 담보책임에 대한 특칙으로서, 채무불이행에 해당하는 민법 제390조상의 불완전이행으로 인한 손해배상책임을 묻는 청구에는 적용되지 않는다.[295]

품질보증의 전제가 되는 제품의 하자는 거래 통념상 혹은 당사자 특성상 해당 물품의 품질, 형태, 성능상의 결함으로 교환가치나 사용가치에 감소를 초래하는 경우일 것이다.[296] 하자의 판단은 일단 주관적으로 파악해야 하는데, 계약상 정한 특별기준, 매매계약의 목적, 계약체결 상황 등을 기준으로 판단하고 당사자 간 정한 바가 없다면 객관적으로 판단하여야 한다.[297] 예술품 컬렉터들은 매우 주관적이고 다양한 동기를 바탕으로 거래에 참여하기 때문에 예술품의 하자 개념은 당해 계약목적에의 적합성이라는 주관적 기준을 바탕으로 판단하여야 한다. 컬렉터가 작품을 소장하여 미적인 즐거움을 누리려는 용도로 구매한 경우 계약목적은 구매자의 주관적 취향에의 적합성을 의미할 것이다. 이 경우 하자의 개념을 판단하기란 어려움이 있다. 한편 경제적 이윤을 얻기 위한 투자 상품의 일종으로서 작품을 구매한 경우에는 시장가치를 감소시키는 여러 가지 요인들이 하자의 개념을 이룰 것이다.[298] 즉, 거래 통념상 일반적으로 기대되는 객관적인 성능과 성질에 미치지 못하는 경우 하자로 봐야

295 대법원 2015. 6. 24 선고 2013다522 판결.

296 김성천,《품질보증법제 비교연구》(한국소비자원, 2009), 17쪽.

297 위의 책.

298 대법원 2000. 1. 18 선고 98다18506 판결, 대법원 1997. 5. 7 선고 96다39455 판결, 대법원 2002. 4. 12 선고 2000다17834 판결 등.

하고 제품의 사용성 결함도 하자에 개념에 속한다고 봐야 할 것이다.[299] 물품의 흠결로 인하여 계약적합성이 결여되는 경우도 하자로 인정되며 물품 그 자체에 대한 흠은 아니지만, 물품과 관련한 법적 장애요소가 발생하여 계약목적의 달성이 불가능한 경우와 같이 이른바 법률적 하자 역시 담보책임의 대상으로 판단된다.[300] 나아가 민법 제462조는 특정물의 현상 인도와 관련하여 "특정물의 인도가 채권의 목적일 때에는 채무자는 이행기의 현상대로 그 물건을 인도하여야 한다"고 규정하고 있다. 예술품 경매에 출품된 예술작품들은 보통 대체 불가능한 유일 물품들이고 창작물의 특성상 출품 당시의 현 상태로 판매 및 인도를 조건으로 경매에 출품되는바, 전형적인 특정물의 현상 인도의 경우라고 판단된다.

2) 보증의 범위[301]

일반적으로 품질보증은 약정 품질보증과 법정 품질보증을 생각해 볼 수 있을 것이다. 우리가 보통 제품을 구매할 때 제품과 함께 받는 보증서상에 명시되어 있는 책임의 범위 및 행사 기간과 절차 등이 여기에 해당하며, 판매자가 물품에 대해 일정한 내용을 보장하는 것이다. 즉, 약정 품질보장이란 판매자와 구매자 간에 묵시적이나 명

299 김성천, 앞의 책, 18쪽.

300 위의 책, 20쪽.

301 전문 예술품 경매회사가 작품이 위품이라는 사실을 인식하면서도 거짓 정보를 카탈로그 등에 올리고 경매를 진행한 경우 형법 제347조상 사기죄의 죄책을 질 수 있다. 사기죄가 성립하기 위해서는 기망행위와 피기망자의 착오 및 그로 인한 처분행위, 재산상 손해 발생, 재산처분행위와 재물 또는 재산상 이익의 취득 사이의 인과관계가 있어야 한다. 이재상, 《형법각론》, 제11판(박영사, 2019), 312쪽.

시적으로 성립된 보증계약에 해당되기에 민법상의 규정이 적용되어야 한다.[302]

설사 구매자가 별도의 보증서를 받지 못하였다고 해도 판매자는 민법상 하자담보책임을 지게 된다. 민법 제580조[303]상의 하자담보책임은 개인 간의 매매 및 상사매매에도 두루 적용되는 내용이다. 이러한 법정 품질보증으로 판매자에게 책임을 묻기 위해서는 물품의 구매 당시부터 하자가 있어야 하고, 구매자는 이러한 하자가 있음을 인지하지 못하여야 하며, 이러한 과정에 과실이 없어야 한다.

보증의 범위는 전문 예술품 경매회사의 규모나 등급에 따라서 차이가 있는데, 경매고객들을 비교적 광범위하게 보호하고 있는 소더비나 크리스티와 같은 경우는 작품의 창작자, 기원, 문화, 시대 등을 총칭하는 출처(authority)의 진정성에 대해서 보증을 제공한다. 전문 예술품 경매회사는 재량으로 구매자가 전문 예술품 경매회사에 보증책임을 구할 수 있는 보증기간을 정한다. 계약해제 시 물건은 구매 시의 상태 그대로 전문 예술품 경매회사에 반환되어야 하며, 전문 예술품 경매회사는 보증 위반으로 인한 계약해제의 결정 이전에 구매자의 비용으로 두 명의 전문가의 의견을 구하도록 할 수 있다. 전문 예술품 경매회사는 카탈로그, 영수증, 광고 등의 서면뿐만이 아니라 구두로 작가의 이름이나 작품의 상태, 크기, 희소성, 소장자, 전시경력 등에 대해서 진술한다. 그런데 이런 진술이 명시적 보증에 해당하는지 단순히 판매자의 의견을 제시한 것에 불과한지에 대해서는 분쟁의 소지가 많다. 구매자 측은 그 진술이 계약의 기초를 이

302 위의 책, 19-20쪽.

303 민법 제580조(매도인의 하자담보책임).

루었다는 점, 그것을 합리적으로 신뢰했다는 점을 토대로 책임을 요구할 것이고, 전문 예술품 경매회사 측에서는 경매를 더욱 원활하게 진행하고, 구매자가 구매 결정을 하는 데 참고가 되게 의견을 제시한 것이라고 주장을 할 것이기 때문이다.

전문 예술품 경매회사는 '현 상태'로 물건을 거래하거나 카탈로그에 굵은 글씨 표제로 설명한 사항에 대해서만 보증(warranty) 책임을 진다는 약관을 마련해 경매 물품에 대한 일반적 담보책임을 회피하려 한다.[304] 카탈로그, 공고문, 라벨, 전문 예술품 경매회사와 보조자 및 직원의 진술 등 모든 매개가 보증책임을 유발한다면 전문 예술품 경매회사는 문을 닫아야 할 것이기 때문이다. "현 상태"란 판매자가 물건의 상태가 어떠한지와 상관없이 현재 존재하는 상태대로 매매한다는 것을 뜻하는데, 이는 구매자가 주의 깊게 시간을 두고 물건조사를 하거나 전문가의 조언을 얻어야 하는 전형적인 매수인 위험부담(caveat emptor) 상황에 해당하지만, 권리 제한(disclaimer)과 관련하여 계약서(약관)상 현 상태(as is 혹은 with all faults)라고 명시되었거나 상업성의 묵시적 보증(implied warranty of merchantability)을 거부하는 문구가 들어간 경우의 묵시적 보증내용이 계약으로 제한할 수 있고, 명시적 보증(express warranty)의 제한은 불가능하다.[305]

생각건대, 추후 예술품 매매와 예술품 경매와 관련하여 약정 품질보증제도와 법정 품질보증제도 등에 관한 내용을 구체화하여 별도의 법을 만들거나 민법에 편입하여 시행한다면 예술품 유통의 체계화에 큰 도움이 될 것이 분명하다. 이 경우, 예술품 판매자의 보증

304 케이옥션 국내경매약관 14. 제한보증 등.

305 강서구, 앞의 책, 105-107쪽.

책임을 더욱 엄격하게 하고 보증서 효력과 발급내용의 법제화 하는 것이 포함되어야 함은 물론이다.

3) 예술품 거래상의 하자

예술품 거래상 하자의 판단은 극히 주관적인 성격이 강한 편이다. 예술품의 소장을 주요 목적으로 구매하는 경우 및 투자 목적으로 구매하는 경우까지 매매의 동기는 극히 주관적 취향에 좌우되기 때문인데, 예술품에 아주 미세한 흠집이 있는 경우 매수자에게는 이 부분이 결정적인 하자이기 때문에 일반적인 동산의 경우와는 비교할 수 없을 정도로 큰 문제일 수 있고 매매계약 당사자가 거래 당시 알고 있던 작품이 아닌 위작 혹은 유사한 다른 작가의 작품이면 해당 작품이 최초 거래대상으로 인식되었던 작품과 거의 흡사하다고 가정해도 그 매매계약은 본래의 목적을 달성할 수 없는 상황이 된다.[306] 이처럼 예술품 거래의 경우 계약상 합의 내용과 일치하지 않는 경우는 모두 하자로 간주하여야 될 것이다. 예술작품은 작가가 누구인지, 제작시기는 언제인지, 진위, 작품의 상태 등이 그 경제적 가치에 결정적인 역할을 좌우하며 전문가의 판단을 수반하는 거래일 때 이러한 감정이나 가치평가 또한 매매의 중요 요소로 작용한다. 따라서 이러한 부분들에 하자가 있는 경우는 거래 목적을 달성할 수 없을 정도의 큰 하자로 인정된다. 예술품의 하자와 관련하여 누구의 작품인가는 작품 거래상 가장 본질적 요소 중 하나이고 매수자로서는 가장 중요한 구매이유가 될 것이다. 아울러 작품의 제작시

306 이연주, 〈미술품 진품보증에 관하여〉, 《경기법학논총》(경기대학교 법학연구소) 제7호(2008), 170쪽.

기도 거래의 주요 요소 중 하나이며, 특정 작가의 작품 중 특정 시기의 작품이 유난히 높은 가치로 평가를 받는 상황과 같이 때에 따라서는 해당 작품의 창작시기에 따라 그 시장 매매가치나 예술사적인 의미까지도 달라질 수 있다. 만일 작품이 훼손된 경우를 가정하여 볼 때, 눈으로 금방 발견되는 흠집이 있는 때도 있고 오랜 기간 자세히 관찰해야 발견될 수 있는 흠집이 있을 것이다. 이러한 모든 요소가 작품의 일정한 가치를 훼손시키는 경우에는 전반적으로 문제가 된다. 나아가 예술품에 대해 허위 평가서 혹은 감정서가 발행되거나 전문가인 판매자가 보증한 해당 작품의 내용과 현황이 다를 경우에도 하자로 인정받게 된다.[307] 이처럼 예술품의 하자는 계약 당사자 간의 합의된 계약의 목적이 중요한 기준이 되는바, 객관적 하자 개념의 판단은 당사자 간의 합의가 존재하지 않거나 불명한 경우에만 보충적으로 적용되어야 한다. 다시 말해, 예술품 거래상의 하자는 매매 목적물인 예술품이 합의된 계약적합성을 결여한 경우 혹은 이에 대한 합의가 존재하지 않을 때는 객관적으로 그 작품이 사회 통념상 결함으로 인정되는 경우에 한정된다.[308]

4) 국제물품매매계약에 관한 UN 협약[309]

CISG에서는 제2조에서 일반 개인용 혹은 가정용 사용목적임을 인지하에 이루어진 매매 물품과 경매 및 강제집행 기타 법령에 따른

307 권대우, 〈미술품 매매계약에서의 하자담보책임〉, 《홍익법학》(홍익대학교 법학연구소) 제3권(2001), 86-87쪽.

308 위의 논문, 85쪽.

309 물품에 대한 '국제적 매매계약의 성립과 효력에 관한 국제 협약'으로 한국, 미국, 중국, 등 92개국이 가입되어 있고 한국은 2005년에 가입하여 발효되었다.

매매에는 협약이 적용되지 않음을 명시하고 있다.[310] 따라서 현실적으로는 국가에 의한 공경매 및 통상적인 예술품 경매 모두 CISG상의 하자로 인한 구제 대상이 될 가능성은 없다고 봐야 한다. 하지만 CISG가 가지는 상징적인 의미, 예술품 경매회사에서도 경매 절차 이후 유찰된 물품들에 대한 사후판매(after sale) 및 일반 중개거래(private sale)를 진행하는 예외적인 상황을 가정하여 CISG상의 하자의 개념을 덧붙여 말하고자 한다. 다만, CISG에서는 하자라는 개념 대신에 계약적합성이라는 개념을 사용하는바, 이하의 하자 개념은 계약적합성이 결여된 상태를 의미한다고 봐야 한다. CISG는 제35조[311]에서 이러한 계약적합성을 정의하고 있는데, 이에 의하면 매도인은 양, 질, 종류 등 계약의 요구에 적합하게 인도해야 한다. 당사자간의 합의에 따라 성립하는 물품의 계약적합성을 기본으로 하여 품질적 차이뿐만 아니라 수량적 차이를 포섭함으로써 명백히 주관적 하자 개념을 채택하고 있으며, 계약상 합의는 명시적 경우뿐만 아니라 묵시적인 경우도 포함하고 있다.[312] 또한 당사자가 물품이 가져야 할 성질에 대해 합의하지 않았을 때 보충적으로 적용되는 규정으로 물품의 객관적인 상태가 계약적합성을 판단하는 하나의 경우로 포함되어 있다. 제2조 제a호에서는 물품의 성질에 관한 합의가 없으면, 동종의 물품이 통상의 사용목적에 부합할 경우 계약에 적합한 것으로 본다. 객관적인 거래관념에 따라서 통상의 사용목적은 결정

310 CISG §2.

311 CISG §35.

312 김범철, 〈하자담보책임에 있어 하자 개념에 대한 비교법적 고찰〉, 《비교사법》(한국비교사법학회) 제8권, 제2호(2001), 499쪽.

되어야 하며, 동종의 물품을 구매하는 사람들이 일반적으로 해당 물품에 대해서 기대하는 정도의 품질과 성능을 가지고 있어야 한다는 것이다.[313] 또한, 매도인이 매수인의 국가에서의 특별한 공법적인 규정까지 고려해서 물품을 제공할 것을 기대하는 것은 무리이기 때문에 이런 경우에는 매수인이 공법적 특별규정을 알고 있어야 할 것이며, 이를 계약의 내용으로 해야 할 것이다.[314]

제2항 제b호에서는 특별한 사용목적의 적합성 여부에 관련한 규정을 두고 있는데, 이에 따르면 매도인이 명시적·묵시적으로 특별한 물품의 목적을 알고 있거나 알 수 있어야 매도인에게 계약의 부적합성에 의한 책임이 부담된다. 다만 제2항 제b호의 단서에 따르면, 매수인의 특정목적 의사표시가 있었다고 하더라도 실제 매도인의 지식과 판단능력을 신뢰하지 않았거나 신뢰할 수 없었던 합리적인 상황이었던 것이 밝혀진다면, 매도인은 특정 목적의 물품을 인도할 의무가 없다고 하여 매수인이 물품에 대한 매도인의 지식을 신뢰하고 있어야 한다는 것을 전제로 하고 있다.[315] 매수인 국가의 특별한 공법적 규정도 이러한 특별한 목적에 포함될 수 있다.[316] 제2항 제c호에서는 견품이나 표본에 의한 거래에 있어 부적합성에 관해 규정하고 있다. 이에 따른다면 매도인은 매수인에게 견품 또는 표본의 형식으로 제시한 물품과 동일한 물품을 인도해야 할 것이다. 견품과

313 이해일, 〈국제물품매매상 당사자의 계약 위반 및 그 구제에 관한 연구〉(박사학위 논문, 연세대학교, 1997), 60-61쪽.

314 김범철, 앞의 논문, 144쪽.

315 오호철, 〈국제물품매매법상 하자담보책임의 효과와 민법개정안의 비교〉, 《법학연구》(한국법학회) 제19권(2005), 195쪽.

316 김범철, 앞의 논문, 500쪽.

동일한 품질인지에 대한 검사는 엄격한 검사일 필요는 없으며 그에 적절한 방식으로 간단히 행해지면 된다.[317] 이와 같이 매도인은 적절한 검사를 통해서도 드러나지 않은 하자에 대해서는 통상적으로 책임을 지지는 않으나, 상품성을 상실할 정도의 잠재적 하자에 대해서는 책임을 진다.[318] 제2항 제d호에서는 통상의 용기와 적절한 포장의 경우에 계약적합성을 규정하고 있다. 인도 물품은 동종의 물건의 통상적이고 적절한 포장이 되어있어야 하고 통상의 포장방법이 확립되지 않았으면 그 물품을 보존 또는 보호하는 데 적합한 방법으로 인도해야 한다. 적절한 포장이 되기 위해서는 기후조건, 물품의 종류, 운송 형태와 기간 등을 고려하여 결정을 해야 한다. 운송 도중에 물품, 오직 포장만 손상된 경우에 있어서 매도인은 하자담보책임을 지지 않는다. 하지만 전매가 예상되는 경우, 원래 포장의 손상, 병 또는 자루처럼 포장 자체가 물품의 한 요소를 구성하고 있는 경우에는 매도인의 책임이 성립될 수 있다.[319] 다시 말해 CISG에서는 "사실상 인도된 물품이 계약에서 합의한 것과 다르다면 모두 부적합한 것"이 된다.[320]

317 오호철, 앞의 논문, 196쪽.

318 김동석, 〈국제물품매매계약에 관한 UN 협약에 있어서의 물품적합성의 결여와 현행 민·상법상의 하자담보책임〉, 《재산법연구》(한국재산법학회) 제6권, 제1호(1989), 69쪽.

319 김범철, 앞의 논문, 501쪽.

320 최홍섭, 〈국제물품매매계약에 관한 유엔협약과 우리법의 비교적 검토〉, 《비교사법》(한국비교사법학회) 제11권, 제3호(2004), 29쪽.

4.3 미국의 보증 관련 법률[321]

세계 예술시장의 중심지라 할 수 있는 뉴욕에서는 보증(warranty)과 관련된 별도의 규정을 마련하여 예술품 관련 분쟁을 효율적으로 대처하도록 하고 있다.

1) 미국통일상법전

거래의 신의와 공정함을 위해 제정된 이 법률에 따르면 통일된 상거래 상황이란 거래당사자 간에 관련 사실에 대해 완전하고 충분한 공개가 있는 경우를 뜻하며, 이러한 상황에서 거래가 이루어져야 한다고 본다. 명시적 보증에 관한 조항인 U.C.C. 제2-313조[322]는 바로 이러한 취지를 바탕으로 하고 있다.

동조 (1)항은 판매자가 구매자에게 한 물품과 관련되고 거래의 기초를 이루는 사실의 진술(affirmation of fact), 약속(promise), 또는 설명(description)은 명시적 보증을 유발한다고 규정한다. 전문 예술품 경매회사가 제공하는 서류, 안내서, 카탈로그 등 모든 매체의 확언, 설명, 약속은 소송을 야기할 수 있다. 동조 (2)항에서는 물품의 가치에 대한 단순한 확언, 물품에 대한 판매자의 단순한 의견이나 찬사는 보증을 유발하지 않는다고 한다.

321 장물은 영미법에서는 '도품', 독일 형법은 '타인이 절취하거나 타인의 재산에 대한 위법한 행위로 취득한 물건'이라고 규정하고 있다. 미국 연방도품법(National stolen property Act 1934)은 장물이나 사기로 취득한 것을 알면서도 주 사이 또는 국제 간 거래에서 5,000달러 이상의 물건, 도기, 상품, 증권 또는 통화를 운송하거나 이전하거나 보내는 자는 벌금 또는 10년 이하의 징역에 처한다고 규정한다.

322 U.C.C. §2-313. Express warranties by affirmation, promise, description, sample.

명시적 보증에 관한 제2-313조의 해석 및 적용과 관련하여서는 다음과 같은 논의가 있다. 첫 번째로는 명시적 보증을 인정하기 위해서 판매자의 진술을 구매자가 신뢰하여야 하는가의 문제일 것이다. 일반적인 허위진술 그리고 불법행위상의 사기와 같은 경우를 살펴보면, 원고가 잘못된 진술에 대해서 합리적으로 신뢰하였어야 한다는 요건이 있지만, 명시적 보증에 관한 조항의 경우에는 그런 내용이 없기 때문이다. 이에 대해 "거래의 기초를 이루는"이라는 법문은 사실상 판매자의 진술에 대한 구매자의 의존 및 신뢰가 있어야 함을 의미하는 것이나 다름없다는 해석이 있지만, 계약의 내용으로 편입되기 위하여 사실의 확언에 대한 특별한 신뢰를 증명해야 하는 것은 아니라며 구매자의 신뢰 요건은 삭제된 것이라는 해석이 있다.[323]

두 번째 논란은 물품의 가치에 대한 단순한 확언이나 물품에 관한 판매자의 단순한 의견 및 칭찬은 보증을 유발하지 않는다는 제2-313조 (2)항이 예술품의 구매자들을 보호하는 데 실효성이 있는지에 관한 것이다. 작품의 귀속, 그중 특히나 사망한 작가로의 귀속과 같은 경우는 절대적으로 확실한 수준까지 도달할 수 없을 것이며, 판매자들은 작품의 귀속을 나타내는 것 같으면서도 보증책임은 교묘하게 피해가는 기술적 용어를 사용하면서 모든 진술은 '의견'에 해당한 뿐이라고 주장할 수 있기 때문이다. U.C.C. 제2-313조 (2)항에 따르면 명시적 보증을 나타내기 위해 매도인이 "warrant" 또는 "guarantee"와 같은 정식 용어를 사용하여야 하는 것은 아니며,

323 Gerstenblith, *supra* note, 512.

매도인이 보증을 제공한다는 구체적인 의사를 가져야만 하는 것도 아니다. 즉, 판매자의 보증 제공의사의 유무와는 관계없이 보증책임이 발생하고, 작품이 위작인 것에 대해서 판매자가 비록 선의였더라도 보증책임을 질 수 있다. 보증이 이루어진 시기는 중요하지 않다. 다시 말해 거래 이전, 거래 중, 거래 이후에 걸친 모든 서면 및 구두 진술은 명시적 보증의 대상이 될 수 있다.[324]

예기치 못한 보증 거절 조항으로 인해 구매자들이 구제를 받지 못하는 것을 방지하기 위해서 보증거절은 명백하고 현저하게 적시되어야 할 것이며, 보증의 제한 또는 배제는 그 해석이 불합리한 범위 내에서는 효력이 없다.[325] 작품에 대해 구매자가 조사하였거나 필요한 조사를 하지 않았다고 하여 명시적 보증이 배제되는 것은 아니다. 하지만 작품 가격이 낮거나 적정 서류가 갖춰지지 않는 경우 또는 구매자에게 판매자가 작품에 대해 조사할 것을 요구한 경우 등에 있어서는 구매자가 작품 검사로 인해 밝혀질 결함에 대해서 위험을 부담할 수 있음을 경고한 것이다. 그런데 구매자들은 작품 구매를 부추기는 전문 예술품 경매회사의 설명에 의존도가 높고, 각종 거래 조건과 작품설명으로 가득한 카탈로그 등에서 보증 거절 조항의 의미를 제대로 이해하기도 쉽지 않다.

U.C.C. 제2-314[326]조는 매매계약은 물품의 상품성(merchantability)에 대한 묵시적 보증을 포함하고 있다고 하면서 상품성을 지니는 물품의 예를 열거한다. 계약 설명서에 따른 거래가 이의 없이 이루어

324 U.C.C. §2-313. Express warranties by affirmation, promise, description, sample.

325 U.C.C §2-316(1).

326 U.C.C. §2-314. Implied warranty: merchantability; usage of trade.

지는 것(a항), 해당 물품의 통상 목적(ordinary purpose)에 적합한 것(c항), 용기나 라벨에 적힌 사실의 확언이나 약속과 일치하는 것(f항) 등이 있다. 그런데 이를 적용하기에 앞서 예술시장과 참여 주체들의 특성을 고려해 보아야 한다. 먼저 예술품 거래가 지니는 통상의 목적(ordinary purpose)이 무엇인가에 대한 것이다. 만약 작품 소유권의 획득을 통해 미적 즐거움을 누리는 것을 그 통상의 목적으로 본다면, 잘못된 귀속감정이 이루어진 경우나 작품이 위작으로 밝혀진 때에라도 여전히 통상의 목적에는 적합하다고 볼 수 있을 것이다. 미국의 지방 법원은 예술작품을 전시하는 것의 통상 목적은 심미적인 매력을 위한 것이며, 위조품은 진품과 같게 이러한 목적을 만족시킨다고 판시한 바 있다.[327]

오늘날 많은 사람은 예술품을 투자 상품의 일종으로 구매한다. 따라서 예술품 매매에서 통상의 목적이란 단순히 미적인 즐거움뿐만이 아니라, 투자로 인한 수익의 향유까지 포함될 것이다. 또한 예술품 거래는 일회성 거래로 그치는 것이 아니라, 작품 구매자로부터 오랜 시간에 걸쳐서 제2 매수인, 제3 매수인에 이르기까지 거래의 고리가 확장될 것을 예견할 수 있다. 비록 소멸시효의 제한이 있기는 하겠지만, 수차례의 재판매가 이루어진 뒤에 작품이 위작으로 판명나서 거래가 거절될 시에는 여전히 최초 구매자에 대하여 상품성에 대한 묵시적 보증 위반 책임을 질 수 있다.[328] 상품성에 관한 묵시적 보증의 전부나 일부를 수정 또는 배제를 하기 위해서는 '상품성'이라는 문언이 반드시 사용되어야 할 것이고, 서면의 경우에는 현

327 *Balog v. Center Art Gallery-Hawaii, Inc.* 745 F. Supp. 1556, 1563 (D. Haw. 1990).
328 Clark, *supra* note, 29-30.

저하게 적시되어야 한다.[329] 그렇지만 "현 상태로(as is)", "모든 오류를 포함하여(with all faults)" 등 일반적으로 보증 제외 사실에 대해 구매자의 주의를 필요로 하고, 묵시적 보증이 없음을 명확하게 한다고 이해가 되는 문언이 있는 경우에 묵시적 보증은 배제된다. 구매자가 계약체결 이전에 물품 또는 그 견본이나 모델을 충분히 검사했거나 검사를 했었다면 발견되었을 결함에 대해서는 묵시적 보증이 존재하지 않는다. 전문 예술품 경매회사가 약관에서 '현 상태'로 물품을 거래하며 구매자에게 작품 조사 의무를 지운다는 내용을 담고 있고 이것에 대해 적절히 알렸다면 상품성에 대한 묵시적 보증을 지지 않을 수 있다.

미국의 경우 보증의무 위반으로 인한 소는 별도의 기간 약정을 하지 않았다면 U.C.C. 제2-725[330]조에 따라 소송의 원인이 발생한 때로부터 4년의 시효에 걸린다. 소송의 원인이 발생한 때란 당사자가 보증 위반의 사실을 알고 있는가와 관계없이 보증 위반이 있었던 때, 다시 말해 물품의 양도가 있었던 때를 말한다. 기산점의 예외로 보증이 명시적으로 물품의 장래 이행에까지 확장되거나, 그러한 행위가 있을 때까지 기다려야만 보증 위반을 확인할 수 있을 때는 보증이 위반이 발견되었거나 그것이 발견되었어야만 했던 때로부터 기간이 산정된다. 그러나 특별한 사정이 없다면 구매자는 작품 구매 직후에 다른 전문가로부터 감정을 받아 보증 위반의 사실을 발견할 수 있다고 할 것이다.

1968년 *Rosen v. Spanierman* 사건[331]에서 피고 갤러리는 원고에게

329 U.C.C. §2-316. Exclusion or modification of warranties.

330 U.C.C. §2-725. Statute of limitations in contracts for sale.

존 싱어 사전트(John Singer Sargent)의 작품이라고 보증된 작품을 팔았고 보험목적으로 5개의 감정서를 제공하였다. 원고는 거래로부터 19년이 지난 후 이를 크리스티 옥션에 내놓았다가 해당 작가의 작품이 아니라는 판단을 받았고 보증 위반 등을 이유로 소송을 제기하였다. 구매자는 작품의 진본성은 영구적인 특성이며, 피고의 연속된 감정은 보증을 장래에까지 연장 또는 갱신을 하려는 의사이기 때문에 소멸시효의 예외에 해당한다고 주장하였다. 이에 대해 법원은 "보증이 장래의 행위에까지 명백하게 미쳐야 한다"라는 법언을 넘어서까지 예외를 확대하는 것은 부적절하며, 감정 자체는 보증이 아니고 작품 거래와 완전히 별개의 계약이라고 판시하였다. 나아가 작품 구매에 엄청난 돈을 쏟아붓는 구매자가 매매 당시 또는 직후에 판매자가 아닌 다른 전문가로부터 감정을 받으리라는 것은 의심할 여지가 없고 과다한 부담이 아니므로 물품의 결함을 발견하기 위해 장래의 행위까지 반드시 기다려야만 했던 것도 아니라고 하였다. 따라서 작품이 인도되었던 1968년 보증 위반의 소송 원인이 발생하였고 소 제기 시에는 시효가 만기 되었다고 보았다

Weisz v. Parke-Bernet Galleries[332]판례에서 원고는 전문 예술품 경매회사로부터 라울 뒤피(Raoul Duffy)의 작품으로 알려진 작품을 구입하였는데, 이후 작품의 감정이 잘못되었음을 알고 작품의 진위 여부에 대한 명시적 보증의 위반을 이유로 매매계약 취소 및 대금반환의 소를 제기하게 된다. 전문 예술품 경매회사는 넓은 보증 거절 조항

331 *Rosen v. Spanierman,* 894 F.2d 28 (2d Cir. 1990).

332 *Weisz v. Parke-Bernet Galleries,* 67 Misc. 2d 1077, 325 N.Y.S.2d 576 (N.Y. Civ. Ct. 1971).

을 가지고 있었는데, 이 사건의 쟁점은 보증 거절 조항에 대해서 원고가 알았어야만 했는지, 만약 그렇다면 거절 조항이 유효한지의 여부였다. 원심은 원고(Weisz)가 보증 거절약관에 대해 인지하지 못했으며 법적으로 그런 인식이 있어야만 했던 것도 아니라고 하였고, 또 다른 원고는 보증 거절에 대한 사실상 인식이 있었으나 전문 예술품 경매회사는 원고들이 전문 예술품 경매회사의 우월한 전문성에 의존하도록 유도하였고, 카탈로그는 작품의 진위 여부에 대한 의존과 믿음을 유도하기 위해 제작된 것이기에 보증 거절은 무효라고 주장하였다. 즉, 입찰자들의 경매시장에 대한 경험·이해부족과 순진함을 중요하게 고려하여, 작품설명으로 가득 차 있는 갤러리의 카탈로그에서 그들이 보증책임의 거절을 담은 거래조건을 알아차리고 이해하는 것을 기대하기란 비현실적이라고 본 것이다. 그러나 항소심[333]에서는 원심판결을 뒤집었다. 항소심에서는 첫째, 경매 당시 보통법 또는 뉴욕 매매법에 따르면 판매자의 의견진술이 작가의 진본성에 대해서 명시적인 보증을 불러일으키지 않으며 둘째, 피고는 작가의 진본성에 대한 어떠한 명시적·묵시적 보증 그리고 설명도 명백하게 거절하였으며 셋째, 의도적으로 기망을 하려는 의사가 피고에게는 없었고, 판매자 역시 잘못된 표시일 수 있다는 위험을 감수한 바, 매수인의 위험부담원칙(caveat emptor)의 신호가 충분한 상황에서 주의를 가지고 행동하지 않은 구매자는 전문 예술품 경매회사가 나쁜 거래를 하였다고 항의할 수 없다고 판시하였고 이후 ACA의 입법에 영향을 미쳤다.[334] 비록 항소심에서는 매수인의 위험부담

333 *Weisz v. Parke-Bernet Galleries,* 77 Misc. 2d 80, 351 N.Y.S.2d 911 (N.Y. App. Term 1974).

원칙을 앞세워 원고의 피해를 구제해주지는 않았지만, 하급심의 판례의 논리는 지식과 경험, 경제적 지위에서 기본적인 차이가 있는 거래 당사자 간 공정하게 거래가 이루어지도록 하는 법 체제와 일맥상통한다. 원심은 전문 예술품 경매회사가 거래 당시 작품이 진짜라고 믿었음에도 즉, 기망의 의도가 없었음에도 구매자에 비해 상대적으로 정보취득능력에 있어서 우월한 위치에 있다는 점을 들어 매수자에 대한 보상책임을 인정하였고, 이는 엄중 책임 또는 무과실책임의 성격을 띠고 있다.[335] 또한 U.C.C. 제2-725조[336]에 의하면 계약 위반의 경우 계약 위반이 발생한 날부터 4년 이내 소송을 제기하게 되어 있다.[337]

2) 뉴욕문화예술법(ACA)의 담보책임(보상) 조항

뉴욕 주는 미국에서도 예술품 거래량이 가장 많은 곳으로 1960년대 후반부터 예술품 유통에 관한 특별법에 대한 필요성을 인식하고 그 연구에 착수하였다. 당시 뉴욕의 예술품 시장은 특유의 내부적 문제들에 대응할 만한 법제들이 부족하였고 예술품은 여느 사유재산과 같게 취급되고 있었다. 상법의 규정을 예술품 매매에 그대로 사용하기에 어려웠던 사례로 1993년의 판례로서 *David Tunick, Inc. v. Kornfeld*[338]가 있다. 구매자가 갤러리를 통해 피카소의 작품을 구매

---

334 Kai B. Singer, *"Sotheby's Sold Me a Fake!": Holding Auction Houses Accountable for Authenticating and Attributing Works of Fine Art,* 23 Colum. -VLA J. L. & Arts 439, 443 (1999).

335 Gerstenblith, *supra* note, 509.

336 U.C.C. §2-725. Statute of limitations in contracts for sale.

337 캐슬린 김, 앞의 책, 731쪽.

한 후, 피카소의 서명이 의심스러워서 계약취소를 요구했으나 갤러리는 취소 대신 피카소의 다른 작품으로 교환하여 주겠다고 하여 문제가 된 사건이다.[339] 이에 대해 갤러리 측은 뉴욕 주의 상법[340]에 따라 구매한 그림의 피카소의 서명이 진짜가 아니더라도 진짜 서명이 담긴 피카소의 다른 작품으로 제공을 제안했다. 이는 새상품으로의 교체를 제안한 것이므로 소는 기각되어야 한다고 주장한 것이다. 이에 대해 뉴욕 법원은 같은 작가·인쇄판에서 나왔다 하더라도 두 작품은 맞바꿀 성질의 것이 아니라고 판시하였다.[341]

뉴욕 주의 상법(General business law)에 존재하던 시각 예술품(Visual arts objects)에 관한 일부 규정들[342]은 1983년 12월 21일 뉴욕 문화예술법(Art and cultural affairs law)이 제정되면서 종전의 상법규정을 대체하는 예술품에 관한 "예술법(Art Law)"이 탄생하였다.[343] ACA는 예술품의 거래에 관한 특별법적 성격을 가지고 보증의 규정 또한 규정하고 있다. 과거 뉴욕 주 상법에서 예술품에 관련된 조항의 도입 당시, 형태 불문하고 상인이 구매자에게 특정 작가의 작품이라고 하였다면 이는 '명시적 보증'으로 간주하였는데, 이것이 현재 뉴욕문화예술법(New York consolidated laws ACA -Arts and cultural affairs)[344]에도 편입

338 *David Tunick, Inc. v. Kornfeld,* 838, F. Supp. 848 (S.D.N.Y.1993).

339 838 F. Supp. 848/ 1993 U.S. Dist 17257.

340 U.C.C. §2-508. Cure by seller of improper tender or delivery; replacement.

341 캐슬린 김, 앞의 책, 531쪽.

342 Laws of New York, 1981, Chapter 992, Article 12-H Sale of Visual Art Objects Produced in Multiples.

343 Camina M. Diaz, *Art Law Research: An Introduction*, 86(2) Law Library Journal 335, 336 (1994).

344 New York consolidated laws ACA - Arts and cultural affairs Title c-Trans-Actions

되게 되었다.

명시적 보증을 하게 되면 법적으로 안전하고, 그 순수예술품의 중요 부분의 사실에 대해서 책임을 지고 위험성이 없음을 알리는 것이 된다. 이러한 내용은 매매 상대방에게 판단의 주요 요소로 적용될 만큼 거래가 쉽게 이루어지게 한다.[345] 2008년의 *Christie's Inc. v. SWCA, Inc.*[346] 판례에서는 ACA의 제13.01조 (b)에 따라 상인이 비상인에게 한 보증의 조문을 적용하여 판단하였다.[347] 판매자는 원고에게 전문가의 진품 확인서를 판매 당시에 제공하였는데 이것은 명백하게 명시적 보증에 해당한다고 판단한 것이다.[348] 이 판례의 입장을 따른 판례로서 2013년의 *Tovar v. Indiana* 판례[349]에서는 예술가와 진품성의 확인에 관하여 ACA를 근거로 명시적 보증을 주장한 사례이다. 원고는 피고의 ACA 제13조의 위반을 주장하였는데, 원고는 열 개의 영국산 조각품을 구매하였는데 이들 중 다수를 소더비나 크리스티의 경매장에서 상당한 이윤을 남기고 재판매하였다. 원고는 이미 미술거래에 있어서 사업을 하는 자로 볼 수 있고 이는 ACA의 제11.02조에서 말하는 화상의 근본 정의와 일치하므로 명백히 상인으로 보았다. 그러나 피고가 예술가였으므로 딜러에게만 적용되는

involving artists and their works.

345 Robert Cooter, Thomas Ulen, *Law and economics*, 4th ed. (Boston: Pearson Addison Wesley, 2004), 239.

346 *Christie's Inc. v. SWCA, Inc.,* 22 Misc.3d 380, 867 N.Y.S.2d 650, 2008 N.Y. Misc. LEXIS 6682.

347 이수경, 〈미술품의 진품성 확보를 위한 제도적 방안에 관한 연구—뉴욕예술법의 warranty 조항을 중심으로〉(석사학위 논문, 부산대학교, 2018), 45쪽.

348 손보미, 앞의 논문, 28쪽.

349 *Tovar v. Indiana,* 2013 U.S. Dist. LEXIS 7314, 2013 WL 182749.

이 법의 적용의 대상에서 배제되어, 원고의 주장은 기각되었다.

ACA의 경우는 제11.01조[350]에서 이 법의 적용을 위한 용어의 정의를 내려 두고 있는데 이는 실제 소송에서 이 법의 적용을 판단하는 데에 많은 도움을 줄 수 있다. 예술품 그 자체의 정의를 비롯해서 기본적인 단어들을 법적으로 어느 범위까지 포섭할 것인가에 대해 규정을 함으로써, 유사한 법적 문제에 노출이 되었을 때 해당 사례가 어떠한 보호를 받을 수 있는지에 대해서 알기 쉽게 하였다. 특히 현대 예술품의 경우에 그 적용 범위가 광범위하고 규정을 하기도 매우 어려워 보증을 하려고 할 때 어느 범위까지 순수예술품으로 볼 수 있는지에 대해서 문제가 될 수 있기 때문이다.

제1항에는 예술가의 정의조항으로 예술가는 순수미술의 작업물의 창안자 혹은 다중예술품의 경우, 이미지를 창안한 자로 정의한다. 여기에서 이미지란 개별 작품으로 구성된 것으로 규정하고 있고 제2항에는 예술품상인이란 거래를 업으로 하는 자를 말하며 이를 주업으로 하든 그렇지 않든 순수예술품과 다중예술품을 거래하는 것을 직업으로 하는 자 혹은 예술품에 대한 본인의 기술과 지식을 바탕으로 그런 작업을 하는 자를 의미한다고 정의하고 있다. 한편, 제5항은 위작에 관하여 순수미술 혹은 다중예술품이 대체되거나 복사되었을 경우, 속이려는 의도를 불문하고[351] 사실상 소유권이

350 The Laws of New York/Consolidated laws/Arts and cultural affairs/Title c: Transactions involving artists and their works / Article 11: Definitions / Section 11.01 Definitions.

351 연방도품법상 재산 박탈의 유형에는 강제 취득과 허위표시에 의한 불법 취득, 사기에 의한 불법 취득, 사취에 의한 불법 취득, 적법하게 점유하는 자에 의한 횡령에 따른 불법 취득 등이 모두 해당한다. *U.S. v. MClintic*, 570 F.2d 685, 689, 2 Fed.

없다고 보이는 경우,[352] 원작자가 만든 것이 아니라고 주장되는 것이 이에 해당한다고 명시하고 있다. 위작의 방법은 최근 점점 다양해지고 교묘해지고 있어서 위작으로 인정되어야 하는 범위를 명확히 해야 좋을 것이라고 생각한다. 금전적인 이득을 취하기 위해 인위적으로 제작한 위작도 있지만, 개인적으로 만들어서 보관하다가 유출된 예도 있을 것이다. 그 외에도 진품을 과하게 복구한 경우나 진품을 인위적으로 훼손, 분할하는 경우 등 다양한 경우가 있다. 제6항의 진품성의 확인문서란 예술품상인이 예술품의 소유권에 관하여 승인 또는 증언해 줌으로 인하여 문서로 진술된 것을 의미한다. 제10항의 한정판이라는 의미는 예술가에 의해 만들어진 같은 여러 작품의 세트를 의미한다. 그러므로 복수예술품의 경우 최대 수량(제작된 전체 수량)이 표시되거나 그렇지 않다면 복수예술품의 최대 수량까지 제한이 되어있어야 한다. 현대미술에서는 에디션이 있는 한정판 예술품이 매우 많다. 회화에 국한되는 것이 아닌 판화와 조

R. Evid. Serv. 903(8th Cir. 1978) *U.S. v. Porttait if Wally*, a Painting By Egon Schiele, 2002 WL 553532(S.D.N.Y. 2002). 이때 피고가 자신이 적법한 소유자가 아니라는 사실을 알았다는 것이 증명되면, 검찰이지는 입증 의무인 '합리적인 의심을 넘어선(beyond reasonable doubt)' 입증까지는 필요하지 않다. *U.S. v. Crawford*, 239 F.3d 1086, 56 Fed. R Evd. Serv. 388(9th Cir. 2001).

352 연방도품법은 도난 또는 위법하게 횡령하거나 취득한 물품에 적용된다. 연방도품법상 '도품'이란 점유자의 의사에 반해 빼앗긴 물건을 말하며, '도난'의 개념은 굉장히 광범위하다. 미국 연방대법원은 도난이란 용어는 절도가 주 판례법상 절도죄에 해당하는지에 상관 없이 소유자로부터 소유에 대한 권리 및 혜택을 박탈할 의사를 갖고 행하는 모든 형태의 흉악한 취급 행위를 포함한다고 판시한 바 있다. *U.S. v. Turkey*, 352 U.S. 407, 77 S. Ct. 397, 56 A. L. R. 2d 1300 (1957). 또한, 사람 또는 단체에 속하는 물품을 그 사람이나 단체의 허락 없이 취득하는 경우의 그 물품은 '도난'된 물품에 해당한다고 본다. *U.S. v. Schultz*, 333 F.3d 393, 399 (2d Cir. 2003).

각까지 한정판이 많이 때문에 이들을 어디까지 진품으로 규정할 것인가의 문제는 매우 중요한 사안이다. 제21항의 규정과 같이 수량과 외형에 대한 제한이 있다면 판화나 틀이 있는 조각품과 같은 복수예술품의 경우 어디까지를 진품으로 볼 것인가를 논의하는 데 도움이 될 수 있다. 특히 제22항에서의 문서란 글로 쓰이거나 혹은 인쇄된 합의문, 영수증,[353] 진품 확인서, 송장, 카탈로그 또는 어떤 형태의 메모나 라벨이라도 순수예술품 혹은 복수예술품임이 표현되어 있다면 그것이 팔리고 교환되거나 예술품 상인에 의해 위탁된 경우에 문서로서 인정된다고 규정함으로써 보증을 할 경우의 문서의 범위를 명확하게 밝히고 있다. ACA가 적용된 경우는 아니지만, 판매 영수증과 같은 문서가 소장 이력을 담보할 수단이 될 수도 있다는 점을 알려주는 판례[354]가 있다. 작품의 구매자가 작품의 소장 이력에 대한 정확성 보증위반과 진품의 명시적 보증위반으로 소를 제기한 사건에서 법원은 진품의 여부를 가리는 전문가의 서한은 아직 논쟁 중이기 때문에 명시적 보증위반[355] 혐의는 각하하였다. 대신에 '소장 이력의 담보'에 대해서만 판시하면서, 그 이유로 판매영수증은 작품의 소장 이력을 보증하고 있다고 판단하였다. 예를 들어, 1995년의 *Pritzker v. Krishna Gallery of Asian Arts*[356]에서 갤러리가 프리츠커(Pritzker)에게 발급한 예술품에 대한 운송장은 서면진술(written instrument)이 되고 비록 조각의 원작자에 관한 문구가 없었지만, 해

353 1999 WL493383,1999 U.S. Dist.LEXIS 10391 (S.D.N.Y. July 8. 1999).

354 *Weber v. Peck,* 1999 U.S. Dist. LEXIS 10391, 1999 WL 493383.

355 U.C.C. §2-313. Express warranties by affirmation, promise, description, sample.

356 *Pritzker v. Krishna Gallery of Asian Arts,* 1995 U.S. Dist. LEXIS 8778.

당 운송장은 서술된 내용으로서 명백하게 문맥상 ACA 제13조의 원작자(authorship)의 내용을 포함한다고 판단하였다.[357]

이처럼 ACA의 제정으로 U.C.C.나 뉴욕 주 상법과는 달리 예술품에 특수하게 적용될 수 있는 부분이 법의 영역으로 들어오게 되었다.

3) 예술에 관한 미국 각 주의 법률

미국 뉴욕 주의 형법(New York penal law) 제170조는 다양한 조항으로 구성되어 있다.

제170.05조[358]에서는 다른 사람을 속이거나 손해를 끼치려는 의도로 허위의 서면을 작성, 완성, 변경한 경우 3급 경범죄로 처벌한다. 딜러나 감정인이 작품의 잠재적 구매자에게 확신을 주기 위하여 진품보증서를 작성하고 타인의 서명을 한 경우 제170.45조[359]에 따라 처벌받지만, 자신의 명의로 작가(authorship)에 대한 허위진술을 한 경우는 처벌받지 않는다는 점은 우리나라와 같다. 또한, 진품보증서의 대상이 되는 작품이 진품인 경우라 하더라도 죄가 성립된다.[360]

357 이수경, 앞의 논문, 49쪽.

358 New York state penal law §170.05. Forgery in the third degree.

359 기망의 의도를 가지고 어떤 대상이 실제와 다른 고품성(antiquity), 희소성(rarity), 출처 또는 권원을 가진 것으로 제작·변경한 자뿐만 아니라, 대상의 실제 특성에 대해 알면서 기망의 의도로 물건을 가장하여 언급하거나 소유한 자를 A급 경범죄로 처벌한다. 작품을 위조한 경우 우리나라 형법으로는 사인위조죄를 제외하고는 별도의 죄를 이루지 않지만, 뉴욕 주의 형법에서는 처벌 대상이다. New York state penal law §170.45. Criminal simulation.

360 Leslie Kaufman Akst, *Regulation of the New York Art Market: Has the Legislature*

한편, 위작의 제작, 유통에 대한 직접적인 규율을 위하여 기망의도에 대한 입증의 부담을 완화시키고 문서 외에도 작품, 디자인, 소묘, 스케치 등에 대한 형사상 처벌의 입법을 제안하는 견해가 있는데,[361] 이러한 견해에 따르면 예술 작가 서명의 복제, 특히 복원을 목적으로 한 선의목적 외의 형식이나 특징의 추가·변경, 사기적 의도로서 작품을 제공·기부·거래하는 행위를 형사처벌 대상으로 본다.

위작을 기부하거나 거래한 자에 대하여는 사기적 의도가 일응 추정된다. 공동 사업자 등도 방조자의 책임을 지며, 보통의 거래상 수반되는 단순 비서 업무, 운송 업무 등을 제공한 자는 기망 의도가 특별히 입증되지 않는 한 제외된다고 본다.[362]

전술한 바와 같이, 1966년 뉴욕 주는 ACA를 제정하여 예술시장이 직면한 특수한 문제들을 다루고, 강력한 추정 규정을 둠으로써 U.C.C.의 보증조항을 보충하고자 하였다.[363] 이에 따르면 전문 예술품 경매회사 등의 예술 상인이 비상인 구매자에게 작품의 진본성(眞本性, authenticity)에 대한 증명서 또는 기타 유사한 서류를 제공한 때에는 그것이 거래의 기초를 이룬다고 추정되며, 그 거래 및 교환이

Painted Dealers into a Corner, 46 Fordham L. Rev. 939, 960 (1978).

361 Bauman, *supra* note, 942-946.

362 *Ibid.*, 94-946.

363 한편 ACA 제13.03조에서는 다른 사람을 속이거나 손해를 끼칠 의도로 예술품이 실제 보유하고 있지 않은 주요 사실을 증언하는 진품보증서 또는 기타 유사한 서면을 작성, 언급, 발행한 자는 A급 경범죄에 해당한다고 하였다. 아이오와 주 법률 715B.3 역시 진품증명서 위조 또는 부실기재의 처벌이라는 표제 하에 비슷한 내용을 담은 조항을 가지고 있다. 뉴욕 일반 상법 12-F는 작품의 창작자, 시대, 문화, 등의 출처에 대하여 허위로 진술한 판매자를 처벌하는 조항이 있어 형법을 보충한다.

있었던 날에 언급된 중요한 사실에 대한 명시적 보증을 낳는다.[364]

나아가 1981년 동법은 예술 상인들이 뉴욕 안에서 또는 뉴욕과 다른 주 사이에 사진, 조각, 판화와 같이 둘 이상 만들어진 복수 작품[365]을 거래하는 경우에는 제작연도, 작가명, 작가로부터 작품 승인 여부에 대한 세부사항을 밝힌 서면이 함께 있어야 한다는 법률[366]을 만들었다.[367] 명시적 보증은 거절에 관한 문구가 서면으로 명백하게 표현된 때에만 인정될 수 있으며 뉴욕 주 법에 의하면 매도자는 매수자에 대하여 "진술한 주요 내용에 대한 어떠한 책임도 지지 않음"을 구체적으로 알려주어야 한다. 뉴욕 주 법은 작품이 위조품(counterfeit)으로 밝혀지거나 작품 거래시 제공된 정보가 정확하지 않았음이 밝혀지는 경우에는 어떤 보증거절도 무효로 하고 있다. 여기서 위조품이란 속이려는 의도의 유무와는 관계없이 작품의 창작자나 시대 등의 출처(authorship)를 실제와 다르게 변경 또는 복제하는 것을 말한다.[368] 이에 대해 작품이 위조(fake)로 판명되는 경우에

364 ACA §13.01. Express warranties.

365 오래된 복수품에 대하여는 비교적 덜 상세한 정보가 요구되고, 특수한 상황에서는 예술 상인들이 이를 거절할 여지가 있으나, 증명서에 적힌 중요정보는 판매인의 명시적 보증에 해당한다. 이는 혼동의 여지를 줄이고 기만적인 거래 관행을 방지하며, 소비자가 스스로 공부를 하기 위한 기초를 제공하고 남용을 즉각 발견하기 어려운 일반인들을 보호하기 위함이다. Susan L. Troxell, *New York's Sale of Sculpture Disclosure Law: Art Merchant Beware*, 2 DePaul-LCA J. Art & Ent. L. 14, 14-18 (1991).

366 이러한 입법 취지와 움직임에 대하여 매수자 주의(buyer beware) 원칙에 대응하는 의미에서 판매자 주의(art merchant beware) 상황이라고 표현하기도 한다. Susan Hobart, *A Giant Step Forward: New York Legislation on Sales of Fine Art Multiples*, 7 Art & L. 261, 271 (1983).

367 ACA §15. Sale of visual art objects and sculptures produced In multiples.

368 ACA §11.01(3).

는 더욱 엄격히 책임을 부과한다.[369]

미시건 주에서도 추정 범위를 더욱 확장하여 전문 예술품 경매회사를 포함한 예술 상인이 작품의 작가에 대해 서면 진술(written instrument)을 제공하였다면 예술 상인의 의도와 관계없이 심지어 그 진술이 단지 예술 상인의 의견이었더라도, 그것은 거래의 기초를 이룬다고 추정되며 보증의무를 유발한다고 규정한다. 여기서 서면 진술은 거래 영수증, 인쇄된 카탈로그 등을 모두 포함한다. 1983년 뉴욕 주 예술법과 유사한 법을 가지고 있는 미시건 주의 *Lawson v. London Arts Group*[370] 판례에서 원고는 딜러로부터 프레더릭 레밍턴의 진품으로 증명된 2만 9천 달러짜리 작품을 구매하였다가 수 년 뒤 진위여부에 의구심을 품고 소송을 제기하였다. 딜러가 작품이 프레더릭 레밍턴(Frederic Remington)의 1901년 작품이라는 증명서를 제공한 것은 명시적 보증에 해당하였다.[371] 딜러는 작품이 복제품이라는 점을 알았거나 알았어야만 했었고, 작품의 진위여부에 관해 선의로 보증을 제공한 딜러의 경우 작품의 매매대금을 초과하는 손해에 대하여는 보증책임이 없는 반면,[372] 악의의 보증으로 인한 손해는 그 전부를 배상하도록 판시하였다. 딜러의 작품보증은 적합성(fitness)이나 질(quality)에 관한 보증이므로 4년의 시효가 적용되는 발견법칙(discovery rule)을 따르도록 하였다.[373] 따라서 소멸시효는 원고가 작

---

369 Singer, *supra* note, 442.

370 *Lawson v. London Arts Group*, 708 F.2d 226 (6th Cir. 1983).

371 Sales of fine art(excerpt) Act 121 of 1970 442.322. Warranties by art merchant: written instrument; effect of furnishing name of artist; negation or limitation of warranty; construing degree of authenticity of authorship.

372 Mich. Comp. Laws §442.324(3).

품의 진위여부에 대해 의구심을 가졌을 때, 즉 보증의 위반사실을 인지하였거나 합리적으로 인지했어야 했을 시점부터 기산된다고 하였다. 이는 U.C.C. 소멸시효의 기산점인 보증 위반이 있었던 때, 물품 양도 시보다 기산점을 늦추어서 구매자를 더욱 효율적으로 보호할 수 있게 되었다.

전문 예술품 경매회사의 보증에 관한 표준 관행은 매수자위험부담(caveat emptor) 원칙이 지배적이다. '현 상태'로 거래한다는 전문 예술품 경매회사의 입장은 작품에 대한 설명, 기재가 잘못되었을 경우 그로 인한 책임에서 일절 면책됨을 원칙으로 하겠다는 것을 보여준다. 그러나 예술품 구매자들을 적절히 보호하고 감정실패로 인한 분쟁을 효율적으로 해결하기 위해 제정된 U.C.C. 기타 법률은 명시적, 묵시적 보증책임의 대상과 범위를 규율함으로써 보증책임의 정도를 높였다. 특히 전문 예술품 경매회사의 설명이 보증대상에 해당한다면, 의도적으로 위작을 진품으로 표시한 판매자뿐만 아니라 작품이 진품이라고 믿고 선의로 물건을 거래한 자에게도 보증책임을 인정한다는 점은 부분적으로 무과실책임 또는 엄정책임의 요소를 포함하고 있다고 평가되기도 한다.[374] 뉴욕 주나 미시간 주 등의 법률은 예술작품의 거래상 U.C.C.의 보증조항을 보다 명확하고 광범위하게 적용함으로써 구매자를 보다 효과적으로 보호하려는 의도가 있다. U.C.C.에서 명시적 보증대상이 되기 위해서는 해당 내용이

373 Mich. Comp. Laws §600.5833. Accrual of claim; breach of warranty of quality or fitness.

374 Peter Barry Skolnik, *Art Forgery: The Art Market and Legal Considerations*, 7 Nova L. J. 315, 339 (1983).

거래의 기초를 이루어야 하는데, 뉴욕 주 법은 진본성에 관한 증명서 및 기타 서류가 발급되었다면 거래의 기초를 이루는 것으로 추정된다는 조항을 둠으로써 보증이 보다 쉽게 인정되도록 하였다. 뉴욕 주법은 작품이 위작으로 밝혀지면 판매자의 선·악의를 불문하고 보증거절을 무효로 한다는 강력한 조항을 둠으로써 판매자의 보증거절 범위를 대폭 제한하였다. 이에 대하여 뉴욕 주 법의 보증조항은 진본성에 대한 입증에 대한 부담을 구매자로부터 판매자에게로 이전한 것이라고 평가하기도 한다.[375]

순수미술작품과 한정수량의 조각 작품이 인기를 얻게 되면서, 과학기술을 채택하여 판화와 조각과 같은 에디션작품(fine print and multiples)들은 합리적인 가격이 되었다. 이러한 상황은 아이러니하게도 위작 의심 작품들의 증가를 초래하기도 하였는데, 제작업체에서 정해진 수량의 제작 후에도 원본 틀을 없애지 않고 임의로 추가 제작하는 경우 등이 있다. 작가의 서명은 위조될 수 있고 서명이 빠진 작품의 경우는 서명이 추가될 수도 있다.[376] 현대 회화 중에서도 특히 판화의 경우 위작의 사건이 자주 발생하였기 때문에 미국의 여러 주에서는 보증의 조항을 판화 혹은 에디션이 있는 조각품의 경우에 법 조항으로 만들어둔 경우가 있다.[377] 여러 주는 법으로 '순수예술품'들이 시장에서 복제되는 것을 규제하고자 하는데 캘리포니아 주(California), 조지아 주(Georgia), 하와이 주(Hawaii), 일리노

375 Lee Ann Houseman, *Current Practices and Problems in Combatting Illegality in the Art Market*, 12 Seton Hall L. Rev. 506, 558 (1981).

376 이수경, 앞의 논문, 49쪽.

377 *Federal Trade Commision v. Magui Publishers*, Civ. No. 89-3818RSWL(GX), 1991 WL 90895(c.d. Cal.1991).

이 주(Illinois), 아이오와 주(Iowa), 메릴랜드 주(Maryland), 미시간 주(Michigan), 미네소타 주(Minesota), 뉴욕 주(New York), 노스캐롤라이나 주(North Carolina), 오리건 주(Oregon), 사우스캐롤라이나 주(South Carolina), 그리고 위스콘신 주(Wisconsin) 등이다.[378] 뉴욕, 캘리포니아, 조지아, 아이오와, 미시간, 위스콘신에서는 에디션의 경우처럼 복수의 프린트 제품(product)에도 해당 법규를 적용하였다.[379] 대부분 법은 주로 진품이 여러 개의 형태로 제작될 수 있는 에디션 작품 특히 현대미술의 판화 혹은 주물 틀이 존재하는 조각에서의 진품성 보증을 위해 만들어진 조문이다.[380] 법규상 요구되는 주요 기재사항으로는 작가명, 에디션 유무, 에디션의 수, 사후프린트 여부, 작업실이나 제작소 정보 등이며,[381] 서명이나 도장이 찍힌 작가의 이름을 포함하여, 가능하다면 재료가 명시되어야 한다. 만일 에디션작품이라면 해당 에디션 이외에 다른 에디션이 없음을 명시적으로 보증되어야 한다. 명시적 보증에는 유포가 가능한 최대의 수량까지 포함하여 작가의 서명의 파손 여부와는 상관없이, 허용된 증명의 수량과 전체 수량 모두가 포함되어야 한다.[382]

---

378 West Ann.Cal.Civ. Code §§1740 to 1745; O.C.G.A. §§10-1-430 to 10-1-437; H.R.S. §481F; 815I.L.C.S. §345; Iowa Code 715B; Md. Code, Com. Law §§14-501 to 14-505; Mich. Comp. Laws §19.409; Minn. Stat. Ann. §324; N.Y. Arts & Cult. Aff. Law §§15.01-15.09; O.R.S. 359.300 to 359.315; S.C. Code 1976, §§39-16-10 to 39-19-50; Wisc. ATCP 117.01 to 117.25.

379 DuBoff *et al, supra* note, 104.

380 이수경, 앞의 논문, 50쪽.

381 헤더 다시 반다리, 조나단 멜버, 《(아무도 알려주지 않는) 예술가 생존법》, 김세은 옮김(파주: 미진사, 2015), 41쪽.

382 DuBoff *et al, supra* note, 105.

캘리포니아 주는 캘리포니아 예술보전법(California art preservation Act)을 제정하여 예술가의 저작인격권을 보호하고자 하였다.[383] 현재의 캘리포니아 예술보전법의 내용은 1979년 캘리포니아 민법 제987조로 통합되었다. 캘리포니아 민법[384]에서는 진품성과 관련하여 제1740조의 (j)항에 '진품의 확인서(certificate of authenticity)'라 함은 문서로 혹은 인쇄된 진술로서 미술상에 의해 교환되거나 팔릴 수 있는 다중의 작품에 대한 것을 의미하고 모든 확인서가 다음의 진술을 포함해야 하며 그 내용에 포함된 모든 정보와 진술이 사실임을 확인하기 위한 것이라고 규정하고 있다. 캘리포니아 주법의 예술판화는 시리즈로 제작된 것을 말하는데 수량 제한은 필수 요소가 아니다. 또한 예술가도 "이미지를 창조해 내는 사람으로서 이미지를 획득하거나 포함하거나 작업하는 것의 주된 역할을 하는 사람"[385]으로 정의한다.

조지아 주의 예술품 거래에 관련해서 보증의 조항은 딜러에 의해 제공된 정보가 조문의 제10-1-433조의 요구조건을 갖출 것을 요구한다. 그 정보는 계약상 기본내용에 해당하였고, 당시 제공된 정보들이 명시적 보증을 형성했어야 한다. 딜러가 보증이나 보장한다는 단어를 사용하지 않았어도 문서에 제공되었다면 보증의 효력이 인정된다.[386]

메릴랜드 주 법에는 지식에 의한 '면책조항'이 있다. 만약 '이 조

383 Leonard D. DuBoff, *What is Art? Toward A Legal Definition.* 12 Hastings Comm/Ent L.J. 303, 335 (1990).

384 Cal. Civ. Code §1740.

385 이수경, 앞의 논문, 52쪽.

386 O.C.G.A. §10-1-433(a).

항에 따라 밝혀져야 하는 어떠한 정보에 관하여 지식이 부족하다면 특히 해당 작품의 정보에 관하여 지식의 면책을 주장'할 수 있다. 여기서 말하는 정보는 구매자의 판단을 좌우할 중요한 작품의 정보이다. 메릴랜드 주가 다른 주와 유사한 조문을 가지고 있으나 판화작품을 'print'로 정의한다.[387]

이처럼 기존의 U.C.C.만으로는 예술시장이 처한 문제를 적절히 해결하는 데 한계가 있을지라도 각 주가 지닌 예술에 관한 구체적 법을 함께 적용한다면 전문 예술품 경매회사의 의무를 규명하고 구매자를 적절히 보호하는 데 큰 도움이 된다. 또한 전문 예술품 경매회사를 비롯한 예술 상인들의 주의의무 및 책임의 수준이 기존의 매수인위험부담원칙보다 상당히 높아졌음을 보여준다. 전문 예술품 경매회사들은 작품 거래 시 형식적 조사 확인 의무인 선관주의 의무를 넘어서 전문성과 경험을 고려한 강화된 주의의무를 기울일 것을 요청받고 있다. 위작이면 판매자의 선·악의를 불문하고 보증거절이 무효가 되어 보증책임을 진다는 조항은 엄정책임 또는 무과실책임으로까지 책임의 수준을 높인다.

4) 소비자제품보증법(맥너슨-모스법)[388]

맥너슨-모스법이라고 흔히 불리기도 하는 미국의 소비자제품보증법(The Magnuson-Moss Act; The Warranty Act)은 1975년 1월 4일 포드 대통령에 의해 통과되었다.[389] 이 법에 따라 판매자는 소비자들이 구매

387 Md. Code, Com. Law §14-504.

388 15 U.S.C. Ch. 50: Consumer product warranties.

389 손영화·손수진, 〈품질보증제도 개선에 관한 연구〉, 《한양법학》(한양법학회) 제

한 제품에 대하여 보증에 관련된 모든 사항을 정확하게 전달하고 제대로 이행해야 하며 만약 판매자가 판매한 제품에 대한 보증을 이행하지 않으면 소비자가 취할 수 있는 절차에 대해 자세한 설명을 요구할 수 있는 권한을 부여하고 있다. 기본적으로는 상업용이 아닌 개인용, 가족용 목적의 동산이 적용 대상이므로 상인에 의해 재판매 목적으로 구매되지 않은 비상업적 용도로 개인이 구매한 예술작품의 경우 이 법을 참고할 필요가 충분해 보이는바, 주요 내용을 소개하고자 한다.

각종 용어의 정리를 하는 제2301조의 1항[390]에서는 소비자 제품이란 통상으로 유통되고 일반적으로 개인용·가정용 목적으로 사용되는 동산으로서 부속 또는 설치 여부와는 상관없이 부동산에 부속되거나 설치되려고 의도되었던 소유물을 포함한다고 규정하고 있다. 소비자에 관해서는 제3항에서 재판매 목적 이외의 소비자 제품의 구매자, 제품에 적용 가능한 묵시적 또는 서면적 보증(또는 서비스계약)기간 동안에 그 제품을 양도받은 자, 보증인(또는 서비스계약자)에 대한 보증(또는 서비스계약)의무를 강제하기 위한 관계 주법에 따라 또는 그 보증(또는 서비스계약)의 조건에 의하여 권리를 가진 자를 말한다고 명시하고 있다. 공급자에 관한 제4항에 의하면 소비자가 직접적으로든 간접적으로든 이용할 수 있는 소비자 제품을 제조하는 사업에 종사하는 자를 공급자에 해당하고 제5항에 따르면 보증인이란 서면보증서를 제공하거나 서면보증서를 제공하려고 하는 자 또는 공급자, 묵시적 보증으로 의무가 있거나 의무가 생길 수 있

20권(2007), 331쪽.

390 U.S.C. §2301. Definitions.

는 자 또는 공급자를 말한다.

서면보증과 관련해서는 제6항에서 규정하고 있는데, 공급자가 제품의 재료 또는 기능의 특징과 관련하여 구매자에 대하여 소비자 제품의 판매과정에서 행한 서면 약속 또는 사실에 대한 서면 확약 및 제품의 재료 또는 기능에 대해 하자 없음 또는 특정보증 기간 내에 특정 보증범위 수준을 충족시킬 것이라는 확약 또는 약속이나, 그 제품이 보증서에 기재된 명시조항을 충족시키지 못한 경우에는 소비자 제품의 공급자가 제품의 판매와 관련하여 행한 그 제품에 대한 환급, 수리, 교환 기타 구제 방법에 관한 서면 보증 중 하나에 해당하는 사항을 말하며 서면 확약, 약속 또는 보증은 그 소비자 제품의 재판매 이외의 목적을 위하여 공급자와 구매자간 매매계약의 근거 일부가 된다.

묵시적 보증과 관련해서는 제8조[391]의 규정에 따라 어떤 공급자도 그 공급자가 소비자 제품에 관하여 소비자에게 서면보증을 행하는 경우 혹은 판매할 때 또는 판매 후 90일 이내에 그 공급자가 소비자 제품에 적용되는 서비스계약을 소비자와 체결한 경우 소비자 제품에 관한 묵시적 보증을 거부하거나 변경하지 못한다. 또한 보증서에 공정하며 완전하고 명백한 용어로 알아보기 쉽게 표시된 때에만 서면보증상의 합리적인 기간으로 제한할 수 있으며 제8조의 규정을 위반한 거부, 변경, 제한은 무효로 하고 있다.

391 U.S.C. §2308. Implied warranties.

4.4 예술품 관련 보험

예술품을 전문적으로 취급하는 예술 관련 기관들은 혹시 발생할지 모를 자연재해나 취급 부주의 등의 인재, 도난과 분실 등에 대한 대비책으로 보험을 든다. 관련 기관들은 각종 전문보험가입을 통해 위험을 포괄적으로 담보하고 있으며 특정 경매회사는 약관상 작품의 위탁자에게 경매 물품을 인도할 때로부터 보관 관리를 중지하는 시점까지 또는 경매예정일로부터 일정한 기간에 대하여 경매회사가 만족할만한 보험증권을 제시하여야 한다고 규정함으로써 사실상 경매목적물에 대한 보험가입을 요구하기도 하지만,[392] 실무상으로는 거의 모든 전문 예술품 경매회사에서 서비스 차원으로 경매회사의 책임으로 낙찰 작품의 보관, 운송, 설치를 진행하고 있다.

1) 필요성

예술품이 분실되거나 파손되는 경우 관리 주체가 그 책임을 면하기 위해서는 그 자신이 과실이 없었음을 입증해야 한다. 그러나 과실이 없었음을 입증하기 위해서는 해당 관리 주체가 예술품의 보관에 선량한 관리자의 주의의무를 다했음을 입증해야 하므로 실제에 있어서 그 책임을 면하기 어려운 경우가 많다. 즉, 분실이나 파손의 원인이 밝혀지지 않는 경우 관리 주체로서는 그 책임을 면하기 어렵기 때문이다. 예술품의 경우 그 성질상 보험가입이 필수적으로 요구되는 것은 이러한 이유 때문이다. 예술품이 고가인 경우가 많고 경제

392 최민정, 〈미술품 경매거래에 관한 법률관계 연구〉(석사학위 논문, 이화여자대학교, 2017), 72쪽.

적 가치 외에도 문화재로서의 소장가치가 뛰어나지만, 전기합선, 관리 부주의, 방화 등과 같은 화재 사고로 인한 "전손 가능성이 매우 높고 보관, 운송, 전시 등에 따른 도난, 파손 등의 위험이 항상 내재되어" 있기에 일단 사고가 발생하면 경제적, 사회적으로 막대한 손실을 초래하게 된다.[393]

2) 종류와 보장범위

예술품 관련 보험에는 모든 위험을 인수하는 포괄보험과 특수한 상황의 위험만을 인수하는 보험이 있다. 우리나라에서 실제로 운영되는 예술품 보험은 특수하게 예술품만을 대상으로 하여 관련된 모든 위험을 담보하는 특수포괄보험이다.[394]

(1) 박물관 종합보험[395]

대표적인 박물관 종합보험은 KB손해보험사의 특화보험이 있다. 박물관 전시회 미술품 보험은 국내외 재보험사의 요율에 따라 보험료가 산출되는 구조이고 보상 담보가 전시 작품에 대한 파손과 도난 등 손해에 관한 사항이므로 작품 가액을 정확히 파악하는 것이 중요하다. 운송 중의 보상도 중요한 요소인데, 특약을 통해 이루어지므로 이동 중의 사고에 대한 보상 여부 및 면책사항 등도 각각 개별적으로 꼼꼼히 확인해야 한다. 구체적으로는 예술품 등의 저장, 운송,

393 최정환, 〈미술품 대여계약〉, 《지적소유권법연구》(한국지적재산권학회) 제6권(2002), 102쪽.

394 최민정, 앞의 논문, 73쪽.

395 보험상품 명칭은 예술품 전시 분야를 대표하는 박물관 종합보험으로 되어있으나, 예술품 전시 등의 업무와 관련하여 가입할 수 있다.

보관과정상 발생 할 수 있는 여러 종류의 위험을 포괄적으로 보장한다. 박물관 종합보험은 ① 재물위험담보(property coverage), ② 기업휴지담보(business income coverage), ③ 배상책임 위험담보(general liability)의 3가지 유형으로 이루어져 있으며 약관상 면책위험을 제외하고 모든 위험을 담보하는 포괄 담보형식의 보험이다. 보험계약자의 사업형태에 따라 적합하게 보장내용의 구성이 가능하며, 건물·집기·비품 그리고 보유하고 있는 예술품 등을 보험가입의 대상으로 하고 있다. 보험계약자는 박물관, 화랑, 경매회사, 문화재단, 예술품을 소장하고 있는 법인이나 개인이며 주요한 보상 손해는 첫째, 재물위험(property risks)으로 피보험자의 지정 구역 내에서 약관상에 규정된 면책위험을 제외한 원인으로 보험의 목적물에 발생한 직접적인 재물손해이며 둘째, 기업휴지위험(business interruption)으로 재산종합위험에서 담보하는 사고의 결과 때문에 영업이 중단 또는 휴지 되었을 경우 그로 인한 각종 손실을 보상한다. 셋째, 배상책임 위험(general liability)으로 일반배상책임 담보하여 피보험자가 박물관이나 문화재단을 운영하면서 제삼자에게 법률상의 손해배상책임을 부담함으로써 입은 손해를 보상한다. 면책위험에 대해서는 보상이 제외되는데, 주요한 면책위험을 살펴보면 군사조치, 핵 위험, 정부조치, 부적절한 디자인이나 계획, 부적절한 결정 또는 결의, 보험계약자의 부정직, 점진적 가치하락 등이 있을 것이다. 이에 비교해 국내 보험회사의 박물관 문화재단 종합보험은 보상범위를 좀 더 확대하여 절도, 도난, 분실에 의한 손해도 보상한다.[396]

396 위의 논문, 76-77쪽.

(2) 이행보증보험

보증보험(guaranty insurance)은 피보험자와 특정 법률관계를 가진 보험계약자의 계약상 혹은 법령상의 채무불이행으로 인해 발생한 손실에 대해 보험자가 인수하는 손해보험계약이다. 형식상 채무불이행을 대상으로 하는 보험계약이지만 실질적으로는 보증계약과 같이 보증보험자가 보험계약자의 보증인적 지위에서 보험계약자의 피보험자에 대한 채무이행을 담보하는 구조로서 보험성과 보증성의 이중적 특성을 보인다.[397] 대표적인 예로 각종 건설공사계약이나 물품 납품계약 등 채무자의 계약이행을 보증하기 위한 이행보증보험인데, 보험의 바탕이 되는 주 계약이 반드시 확정적이거나 성립되어 있어야 하는 것은 아니므로 장래에 체결될 예정인 계약에 대하여도 이행보증보험이 가능하다.[398]

아직은 국가를 상대로 한 경쟁 입찰 등 특수한 때에만 이행보증보험이 의무적으로 사용되고 있고 예술품 거래 등을 위한 사설경매에서는 거의 활용되지 않고 있지만, 고가의 예술품의 경매 절차에서도 낙찰자의 변심 혹은 파산 등에 의한 대금 미납과 같은 위험회피의 수단으로 충분히 활용될 여지가 크다.

(3) 화재보험

화재보험(contract of fire insurance)은 화재로 인한 재산상의 손해를 보상하기 위한 손해보험이다.[399] 화재보험에 있어서 보험의 목적에

---

397 박세민, 《보험법》, 제5판(박영사, 2019), 831쪽.

398 위의 책, 833-834쪽.

399 상법 제683조(화재보험자의 책임).

는 별도의 제한이 없으므로 화재에 의하여 손해를 입은 물건은 동산, 부동산을 포함하여 모두 보험의 목적이 된다. 또한 동산이나 부동산의 멸실로 인한 직접적인 손실뿐만 아니라 이익의 상실 등과 같은 간접적인 손실도 보상한다.[400] 본래 화재보험은 건물 혹은 부속물 등 보험가입의 대상물에 대한 손해를 보상하는 것이 목적이지만 실무상으로는 화재 이외의 폭발사고 등으로 인한 손해까지도 특약 보상범위에 포함하고 있고 간접손해까지 배상하는 경우가 많다.[401] 화재보험을 드는 이유는 전기합선이나 관리 부주의, 방화 등과 같은 화재사고로 전소 가능성이 있기 때문이다. 불은 유용한 불과 해로운 불로 구분되며, 해로운 불은 불이 원래 있어야 할 장소에서 벗어난 불을 의미한다.[402] 난로, 소각장 등 예정된 정상적 장소에서의 불은 유용한 불로서 이에 의한 손해는 면책된다. 판례는 유용한 불의 구분기준을 정상적 장소에의 존부 여부에서 통제 가능성 여부로 변경했으며 최근에는 유용한 불의 면책이 부정되는 예도 있다고 한다.[403] 한편 화재보험은 통제 불가능한 화재에 의해 발생한 모든 손실을 보상하는데, 그 손실이 화재에 의한 직접적 손실이어야 한다. 이전에 의한 손실도 보상하는데 이는 화재 발생 도중 또는 화재진압 후에 재산을 보호하기 위해 다른 장소로 이동하는 중에 또는 이동된 장소에서 발생하는 손실을 보상하는 것이다.[404] 미술품의 경우 일부분의 사소한 변경이나 훼손도 작품의 전체 가치에 영향을 미치기 때문에

---

400 보험경영연구회, 《보험과 리스크 관리》, 전정판(문영사, 2010), 295쪽.

401 박세민, 앞의 책, 525쪽.

402 최정식, 《보험·해상법》(삼영사, 2014), 264쪽.

403 장덕조, 《보험법》, 제4판(파주: 법문사, 2018), 268쪽.

404 보험경영연구회, 앞의 책, 296쪽.

불과 연기에 의한 그을음이나 변색, 액자 등의 파손 등 화재로 인한 손해는 물론, 화재의 진압과정에서 생긴 훼손과 손실 때문에 작품의 가치가 훼손되는 경우도 보험에서 배상하는 범위로 포함하는 것이 타당하다고 판단된다.

(4) 적하보험[405]

해상보험(contract of marine insurance)은 근대보험의 시초로서 해상사업에 관한 사고에 의해 선박과 적하 등에 손해 발생 시 이를 보상한다.[406] 해상보험은 해상에서의 위험은 물론 항해와 관련된 내수 및 창고 등의 육상위험까지 포함하기도 하며 실무상 약관 관련 세부사항은 영국법을 준거법으로 한다.[407] 적하보험(cargo insurance)은 선박에 의하여 수송되는 해상운송물(적하)에 대한 소유자 이익을 피보험이익으로 하는 보험이다.[408] 적하는 "해상운송의 객체가 될 수 있는 것으로 경제적 가치가 있는 무생물뿐만 아니라 살아있는 동물(생명체)"도 적하가 될 수 있다. 하지만 항해를 위해 적재된 연료, 모래, 식자재, 탑승자의 수화물 및 각종 휴대 물품과 같이 운송 이외의 목적물은 적하에 포함되지 않는다.[409] 해상적하보험상 보상책임, 지급방법 등은 영국법이, 보험계약성립과 효력, 보험료채권 및 유효성, 약

405 실무상 예술품의 상업용 운송은 비용 및 미술품전용 상자 적재 공간의 확보 등 여러 가지 사유로 인하여 충분한 시간을 두고 해상을 통해 이루어지는 경우가 상대적으로 많은 편이다. 긴급하거나 소량의 부피가 작은 예술품은 항공으로 진행하기도 한다.

406 상법 제693조(해상보험자의 책임).

407 박세민, 앞의 책, 551쪽.

408 상법 제697조(적하보험의 보험가액).

409 박세민, 앞의 책, 559쪽.

관설명의무에 관한 사항은 우리 법이 적용된다.[410]

(5) 재산보험

재산보험은 개인이나 기업이 소유한 재산이 분실, 손상 혹은 파괴되어 그 가치가 감소하거나 소멸하여 발생하는 경제적인 손실을 담보하는 보험을 말한다. 일반적으로 예술품 보험은 전 위험을 하나의 보험으로 담보 받을 수 있는 전 위험담보의 형태를 띠게 되는데 포괄보험은 일반적으로 모든 형태의 손실이나 피해를 담보할 수 있다. 그러나 포괄보험에 가입할 때도 보장되지 않는 예외가 보험 약관상의 면책규정에 명시되어 있으며,[411] 때에 따라 보험약관에 명시되어 있지 않아도 보장되는 손해에서 제외되기도 한다.[412] 상법 제678조는 "보험목적의 성질, 하자 또는 자연 소모로 인한 손해는 보험자가 이를 보상할 책임이 없다"고 규정하고 있다. 이른바 박물관 종합보험의 경우 이러한 재산보험 중 예술품에 특화되어 있는 보험에 해당한다. 보험기간은 통상 해당 전시 기간을 기준으로 설정되고 포장 및 운반에 따른 위험을 추가로 담보하기 위해 보험기간을 연장하는 때도 있다. 보험목적이 되는 예술품의 시장가격의 책정은 아직 명확한 기준이 마련되어 있지 않다. 대체로 경매인이나 전문감정인의 평가를 기초로 산정하며 거장 미술품 작품 가액은 해외 저명 감정기관 등에서 평가한 금액이 사용된다. 적용 보험료율의 경우 로

410 위의 책, 556-557쪽.

411 *Plaza Equities Corp. v. Aetna Casualty and Surety Co.*, 372 F. Supp. 1325 (S.D.N.Y 1974).

412 DuBoff *et al, supra* note, at 94.

이드 신디케이트(Lloyd's Syndicate) 등 영국 보험인수 연합체 소속 보험사들의 요율이 쓰이고 있다. 해당 전시의 안전성에 따라 보험료의 수준은 차등적으로 부과될 것이며, 보험기간과 장소, 전시시설, 해당 작품의 재질과 연소여부, 심지어 국가 리스크까지 반영이 되고 있다. 실제로 미국에서의 예술품 보험사고 원인의 통계를 살펴보면 운송이 40%를 차지하고 있으며 도난 및 파손행위 38%, 화재 18%, 기타 취급 부주의, 곤충과 해충, 도덕적 해이(moral risk) 등의 순으로 나타나고 있다.[413] 우리나라에서는 박물관 종합보험, 박물관 및 문화재 종합보험 등의 보험으로 예상하지 못한 다양한 사고들이 원인이 된 당해 미술품의 손해 및 운송과 보관에 따른 위험들을 포괄적으로 담보하고 있다. 국내 보험사들은 보험가액이 매우 높아 해외 보험사에 재보험에 가입하여 위험을 분산시키고 있다.[414]

(6) 도난보험

도난보험은 소유 또는 사용 중인 재물 또는 동산을 도난당하여 입는 경제적인 손실을 보상하는 보험이며 담보 범위는 보험의 양식에 따라 재산과 장소에 일정한 제한을 두고 있다. 지정된 장소에 있는 동안에 불법 침입자, 절도 및 강도의 도취 행위로 인한 직접손실을 보상한다.[415] 작품이 원인 미상으로 사라지거나 같이 일하던 직원이 훔쳐 간 경우에는 배상을 받지 못할 수 있는데 도난보험 특별약관에 피보험자의 가족, 친족, 동거인, 피고용인 등이 일으킨 행위 또

413 최정환, 앞의 논문, 103쪽.
414 최민정, 앞의 논문, 74쪽.
415 보험경영연구회, 앞의 책, 311쪽.

는 이들이 가담하거나 묵인하여 도난사고가 발생하게 된 경우에는 배상책임을 지지 않는다고 규정하고 있다.[416] 도난보험의 보통약관에 보험목적물은 증서, 장부, 인장, 화폐, 유가증권, 귀금속 등을 제외한 동산이라고 명시되고 있어 고가의 그림이나 골동품 등은 보험의 목적에 포함되지 않으므로 이에 대한 특약이 있어야 담보될 수 있다. 한편 도난방지장치를 설치한 경우 보험료율 산정에 도움이 될 수 있다.[417] 사고 발생 시 피보험자는 Art Loss Register에 도난 예술품을 등록하는 등[418]의 도난보험목적물의 발견 및 회수에 필요한 조치를 취하는 등 더 이상의 손해를 방지하도록 해야 한다. 고의나 중대한 과실로 이를 게을리할 경우 이로 인한 추가손해에 대한 금액을 산정하여 손해액에서 제한다.[419] 예술품 절도는 매우 빈번하게 발생하는 국제범죄에 해당하며 도난물품이 회수될 확률도 10%에 불과하다. 도난 예술품 데이터베이스인 'Art Loss Register'가 1990년부터 작성한 도난 예술품 리스트에 포함된 도난 예술품 수는 총 10만 점이 넘는다.[420] 사실 널리 알려진 유명한 예술품들은 거래시장에 쉽게 나오지도 못하고 대부분 회수되며 현실적으로 불법 예술품 거래시장에서 거래되는 예술품들은 상대적으로 덜 알려진 작품들이다. 도난당한 미술품들은 세탁과정을 거친 다음에야 합법적인 거래시장

416 캐슬린 김, 앞의 책, 606쪽.

417 최민정, 앞의 논문, 75쪽.

418 Kenneth S. Levine, Insured V. Insurer: When stolen art is recovered, who owns it?, artnet magazine, 2010 〈http://www.artnet.com/magazineus/news/spencer/spencers-art-law- journal5-7-10.asp〉(최종방문 2020. 6. 27.)

419 캐슬린 김, 앞의 책, 606쪽.

420 The Art Loss Register Homepage 〈http://www.artloss.com〉(최종방문 2020. 12. 26.).

으로 유입된다. 세계적으로 유명한 경매회사들과 비교적 규모가 작은 예술품 경매소들은 예술품 딜러들과 함께 도난 예술품을 세탁하는 과정에서 핵심적인 역할을 하고 있다.[421]

(7) 그 외 전시 관련 보험[422]

전시보험은 박물관, 미술관, 문화재단, 기획사 등 국내 및 해외 대여 작품을 공개 전시하거나 소장품을 관외에서 전시하는 경우 전시품의 포장·운송·보관·해포·설치·전시·회송의 전 과정에서 발생하는 화재 도난 파손 등을 담보하는 포괄보험(wall to wall)으로서 선박, 항공, 육상 운송을 담보 운송 및 전시 기간만을 담보하는 기간보험(반송 종류 시까지)이다.

소장품보험은 박물관, 미술관 등 소장품의 상설전시, 수장고 보관 작품의 소유, 보관, 유지, 전시 중 발생하는 사고를 담보하며 소장품의 구내 이동 중의 위험성 및 구외 이동까지 별도 특약으로 담보할 수 있다(포괄계약).

관람객(영업배상)보험은 "전시시설 등의 소유, 사용, 관리 중 시설 자체의 결함이나 관리의 소홀 등으로 발생한 우연한 사고 또는 시설과 관련된 업무수행 중 부주의로 발생한 사고로 제삼자에게 손해가 발생한 경우" 이에 대한 법률상의 배상책임을 보상하는 보험으로서 주최 측의 책임 있는 사고, 책임이 없는 우연한 사고(구내치료비 추가 특별약관), 관람객의 재물에 관한 사고(물적 손해 확장 추가 특별약관) 등에 특별약관 및 보험조건 추가가 가능하다.

---

421 최민정, 앞의 논문, 76쪽.

422 Museins museum Insurance 보험 상품안내참고.

행사취소보험은 행사의 전부 또는 일부를 취소하거나 단축, 연기, 다른 장소로의 이동 또는 포기를 하게 되어 피보험자가 직접 입게 되는 순손실에 대한 보상보험이다.

(8) 보험가액 불변경주의

보험가액(insurable value)이란 손해보험에서 보험목적물에 대한 경제적 이익(피보험이익)의 가액으로서 보험자가 부담해야 하는 금전적 보상책임의 객관적이고 합리적인 법률 최고한도 금액에 해당한다.[423] 당사자가 계약체결 당시 보험가액에 대해 합의하지 않고 보험증권에도 기재하지 않는 미평가보험(unvalued policy)[424]의 경우 사고발생 시의 가액을 기준으로 하는 원칙을 따르지만, 예외적으로 운송보험이나 선박보험, 적하보험 등 보험기간이 짧아서 보험가액의 변동이 적거나 보험의 목적물이 이동 중으로 발생 장소와 시간의 특정이 애매한 경우 등에 예외적으로 일정한 시점을 정해 그때의 보험가액을 보험기간 전체의 보험가액으로 하는 보험가액 불변경주의라는 특칙도 있다.[425] 이 경우 운송보험은 발송지 기준의 가액에 도착지까지의 운임 및 기타 비용을 보험가액으로 하고,[426] 적하보험은 선적지 기준의 적하 가액에 선적 및 보험 관련 비용을 보험가액으로 하고,[427] 적하의 도착에 기인한 이익이나 보수에 관한 보험에서 보험가액을 계약으로 정하지 않았을 경우는 보험금액을 보험가액으로

423 박세민, 앞의 책, 138-139쪽.
424 상법 제671조(미평가보험).
425 박세민, 앞의 책, 417쪽.
426 상법 제689조(운송보험의 보험가액).
427 상법 제697조(적하보험의 보험가액).

추정한다.[428] 보험사고 발생 시 실손해의 보상 대신 신품가액 기준으로 손해액을 산정하기로 합의한 경우(신가 보험) 제671조 원칙의 예외에 해당하고, 목적물의 재조달가액을 보험가액으로 하더라도 피보험자에게 추가적인 이득을 주지 않기 때문에 이득 금지 원칙은 반하지 않으나,[429] 해상보험의 경우 일부보험이나 초과보험의 문제도 고려해야 한다.[430]

3) 내용

국내 보험사에서 제공하는 예술품 보험은 전시를 위하여 출발할 때부터 작품을 설치, 전시, 철수 등 전시가 끝난 후 다시 원래 장소로 도착할 때까지 모든 위험을 담보하는 보험이다. 운송과 보관에 따른 위험뿐만 아니라 도난, 파손까지 모두 담보되며 보상하지 않는 부분을 제외하고 모든 위험을 담보하는 전위험담보(all-risk cover) 보험에 해당한다. 미술관이나 박물관도 전시 중에 발생할 수 있는 화재, 폭발에 대한 위험 또한 담보된다. 국내 보험사들은 보험가액이 매우 높아 해외 보험사에 재보험에 가입하여 위험을 분산시키고 있다.[431]

4) 문제점

예술품을 보험에 가입하기 위해서는 보험목적물의 가액이 정해져야 한다. 원칙적으로 예술품 가격은 시장가격에 의해 결정되며 보험

428 상법 제698조(희망이익보험의 보험가액).

429 정동윤, 《상법(상)》, 제6판(법문사, 2012), 572-573쪽.

430 위의 책, 627쪽.

431 최민정, 앞의 논문, 77쪽.

가입 전에 예술품에 대한 적정한 가격을 정하고 그 가액에 따라 보험에 가입해야 한다. 외국에서는 공식적인 자격을 갖춘 공인감정사가 있어 예술품의 시장가격을 평가한다. 현재의 보험실무에서는 보험사고 시 ① 손실 또는 파손으로 인한 가치하락 분을 포함해 손실 또는 망가진 작품을 복원 또는 수리하는 데 드는 비용, ② 손해사고 발생일의 예술품 유통시장 평가액, ③ 손실 또는 파손 이전의 보험자와 소유자가 합의한 금액 등을 기준으로 그중 가장 낮은 금액으로 예술품을 평가하는 방식을 취하고 있다.[432]

예술품은 수시로 그 가치가 변동된다. 때론 작가의 사망이나 해외 유명미술관에서의 전시 등으로 인해 그 작가의 작품 가격이 갑자기 상승하는 경우도 있다. 그런 경우 예술품이 일부 손상을 입으면 그 손해액이 보험가액을 훨씬 웃도는 경우가 발생할 수 있는데 그러한 분쟁을 방지하기 위해서는 미리 이에 대해 특약을 하는 것이 필요하다. 통상적으로는 보험가입 시점의 보험가액으로 하거나 사고 발생 시 신품의 재조달 가액을 기준으로 처리가 되지만 예술품의 경우 동일품이 존재할 수가 없으므로 재조달 가액에 대한 보상은 현실적으로 불가능할 것이다. 생존 작가의 경우 동일 작가 본인에게 의뢰하여 동일 시리즈의 동일 크기 작품을 제작할 수는 있겠지만, 예술품의 경우 신품보다는 오래된 옛날 작품이 오히려 더 비싼 기이한 현상을 고려할 때, 이 역시 무리가 있어 보인다. 예술품 가액에 변동됨에 따라 보험금액의 변동이 일정 금액 이상 필요하게 되면 그 가액의 변동을 보험사에 통지하고 보험금액의 인상을 요청할 수 있

432 최정환, 앞의 논문, 104쪽.

다.[433] 이렇듯 예술품에 대한 보험은 대상물이 고가이거나 대체 불가능한 희귀품인 경우가 많으므로 운송(해상·육상·항공), 보관(화재·도난), 전시 각각의 보험약관을 꼼꼼히 검토하여 가입하는 것이 중요하다.

5) 배상

손실이 발생하면 배상액은 기본적으로 보험계약의 내용에 따라 달라진다. 상법 제670조에 따르면 "당사자 간에 보험가액을 정한 때에는 그 가액을 사고 발생 시의 가액으로 정한 것으로 추정한다. 그러나 그 가액이 사고 발생 시의 가액을 현저하게 초과할 때는 사고 발생 시의 가액"을 보험가액으로 한다. 또한 상법 제671조에 의하면 당사자 간에 보험가액을 정하지 않았을 때는 사고 발생 시 가액을 보험가액으로 한다. 박물관, 문화재단 종합보험에서는 담보하는 손실 또는 손상 발생 시 보험회사는 ① 손실 또는 망가진 재물의 가액을 지급, ② 수리된 품목의 가치하락분에 손실 또는 망가진 재물의 수리 또는 대체비용을 추가하여 지급, ③ 합의 또는 감정가격으로 그 재물을 취득, ④ 동종, 동질의 타 재물로 손실 또는 망가진 재물을 대체하는 것 중 하나를 선택한다고 규정하는데 실질적으로 예술품의 특수성으로 인해 동종, 동질의 타 재물로 대체하는 것은 불가능하다. 보험회사는 보험목적물의 감정평가를 보험가입 시 흔히 요구하는데, 이때 감정평가인이 내린 가액이 보험가액이 되는 것은 아니며, 일종의 가치에 대한 추정치일 뿐이다. 보험회사는 예술품

433 위의 논문, 105쪽.

이 훼손되었거나 파손된 것이 아닌 경우와 같이 손실이 일부분에 그친 때에는 표준공식을 적용한다.[434] 복원비용이나 가치감소를 고려하기 위해 감소한 재산의 비율에 따라 균등한 비율로 계산된 액수에 복원비용을 제한 금액이 보상된다.[435] 보험료 및 요율은 다양한 요소에 의해 달라지는데, 살펴보면 소재지, 보범목적물의 종류와 수량, 건물 배치도, 넓이, 구조, 화재방지시설 및 장비의 구비 여부, 보험기간, 운송의 형태 및 방법 등이 있다. 보험목적물인 예술품이 위조인 것을 알고도 진품으로 기재해 보험가액을 부당하게 평가한 때는 사기 보험으로 상법 제669조 제4항에 의해 그 보험계약은 무효가 된다. 그러나 사기로 보험이 무효가 되더라도 보험자는 "그 사실을 안 때까지의 보험료"를 청구할 수 있다. 보험계약자의 사기에 대해서는 보험자가 증명책임을 부담한다.[436] 위조인지 모르고 보험에 들었으나 보험사고 발생 후에 밝혀지면 약관에 "반대의 약정이 없는 한 그 초과 부분에 대한 보험료를 소급하여 반환할 의무"가 없으며 보험료 기간에 대한 보험료는 원래대로 청구할 수 있다.[437] 상법 제669조 제1항 단서에 따라 보험료감액은 장래에 대하여만 효력이 있기 때문이다.[438]

6) 대위

보험자 대위는 "보험자가 보험사고로 인한 손실을 피보험자에게 보

434 최민정, 앞의 논문, 77쪽.
435 DuBoff *et al, supra* note, 97-98.
436 대법원 1988. 2. 9 선고 86다카2933, 2934 판결.
437 최정식, 앞의 책, 209쪽.
438 최민정, 앞의 논문, 79쪽.

상한 경우 그 피보험자 또는 보험계약자가 보험의 목적이나 제삼자에 대하여 가지는 권리를 법률상 당연히 취득하는 것"을 말한다.[439] 보험자로부터 보험금의 수령을 하고 손해를 회복한 피보험자가 "잔존물 혹은 제삼자에 대한 권리를 그대로 보유하고 이것을 행사한다면 결과적으로 실제로 생긴 손해 이상의 손해전보"를 받게 되어 보험사고로 인한 이득을 얻게 된다. 일단, 보험자가 보험사고를 당한 피보험자에게 보상을 한 후 피보험자의 권리는 보험자에게 이전이 된다.[440] 보험자 대위에 따라 손해보험에서는 보험자가 보험금을 지급하면 보험의 목적에 대한 피보험자의 권리를 취득하거나 제삼자에 대한 피보험자의 손해배상청구권을 취득할 수 있다. 그러므로 도난에 의한 손해를 보험회사가 보상한 후에 보험목적물이 발견, 회수된 때에 그 소유권은 회사에 귀속된다. 그러나 실제로 보험회사는 회수된 도난물품을 타당한 가격에 매각하고 대금이 총 소요비용보다 많으면 그 초과액을 피보험자에게 돌려주며 대부분은 손해보상 후 1년 이내에 보험목적물이 발견, 회수된 경우에는 1개월 이내에 피보험자는 이자를 포함한 손해보상금액을 상환하고 해당 목적물을 찾아갈 수 있다.[441]

7) 소장품(예술품)보험규정 예시

이하 내용은 소장 예술품 등의 보험에 관한 처브(Chubb) 보험사의 약관내용 중 일부이다. 담보계약에 관한 규정 3항, 보험계약에 따른

439 박세민, 앞의 책, 471쪽.

440 장덕조, 앞의 책, 243쪽.

441 캐슬린 김, 앞의 책, 611쪽.

지급규정 4항, 면책조항 14항, 일반조항 9항, 보험금 청구의 조건 8항, 정의 18항으로 구성된 총 56항의 규정으로 이루어져 있다.

제1항[442]은 담보계약(insuring agreement)에 관한 내용으로, 구내(premises) 내에서 소장품 중 소장품의 물리적 손실 또는 물리적 손상, 운송 중 또는 외부 장소로부터의 소장품 중 소장품의 물리적 손실 또는 물리적 손상, 보험기간 동안 발생한 외부 장소에서의 소장품 중 소장품의 물리적 손실 또는 물리적 손상에 대해서 배상함을 명시하고 있다. 제2항[443]은 보험계약에 따른 지급(payments under the policy)에 관해 규정하고 있다. 약관은 담보계약에 따라 담보되는 물리적 손실 또는 물리적 손상에 대한 보상과 관련하여 소장품이 물리적으로 손실되거나 물리적으로 망가진 경우 예술품 및 귀중품 명세서에 기재된 소장품의 협정가액, 또는 그에 대한 협정가액이 없는 경우, 소장품의 공정시장가액을 보상하고, 소장품이 물리적으로 손실 또는 물리적으로 망가지지는 않았으나 물리적 손상을 입은 경우, 보험사는 수리비 및 감가를 협정가액 또는 협정가액이 없는 경우 공정시장가액을 한도로 보상한다고 명시하고 있다. 또한 소장품이 한 쌍 또는 한 조의 일부인 경우, 보험사는 한 쌍 또는 한 조의 일부로써 증가한 가치를 참작하도록 하고 회사가 보상하는 최대 금액은 협정가액 또는 협정가액이 없는 경우, 공정시장가액으로 배상한다고 규정하고 있다. 약관 제3조[444]는 면책(exclusions)에 관한 내용으로서 통상의 마모, 자연적이고 점진적인 가치저하, 곤충, 감염, 해충, 녹,

442 처브 박물관 및 문화재단 보험 제1항(담보계약).

443 처브 박물관 및 문화재단 보험 제2항(보험계약에 따른 지급).

444 처브 박물관 및 문화재단 보험 제3항(면책).

부식, 부패, 곰팡이, 대기 환경 또는 기후 환경 또는 빛의 작용, 가열, 건조, 청소, 세척, 염색, 개조, 수선, 정비, 분해, 복원, 장식 또는 표구 과정, 오용이나 전기적 또는 기계적 파손과 같은 소장품 고유의 결함 혹은 성질에 의하거나 정부, 공공 또는 지방정부의 명령에 따른 몰수, 징발, 수용 또는 파괴, 전쟁, 침략, 외적의 행위, 적대행위(전쟁 선포와 관계없는), 내전, 반란, 폭동이나 군부 또는 정권 찬탈, 테러 행위, 피보험자 또는 피용자의 고의 행위 등의 경우 일반 면책(general exclusions) 사유와 무역 및 경제 제재법 및 규정으로 인하여 회사(또는 회사의 모회사, 직접적·간접적인 지주회사)에게 벌금 혹은 제재(회사에 적용되는 법에 저촉되지 않는 한 국외에서 부과되는 벌금 혹은 제재를 포함함)가 부과될 수 있는 경우 등의 제재 위반 면책(sanctions exclusion)에 대해 열거하고 있다.

5 불법행위 책임

5.1 개설

위작의 유통은 작품을 매수한 컬렉터와 제3의 전득자들에게 경제적, 정신적 손해를 입힐 뿐 아니라, 예술사를 왜곡하고 불신의 풍조를 조장하여 전체적인 시장의 수요를 위축시키는 등 그 파급효과가 크다. 따라서 전문 예술품 경매회사는 타당하고 객관적인 정보를 제공하여야 할 의무가 있다고 하겠다. 전문 예술품 경매회사가 감정에 실패하여 위작이나 출처가 잘못된 작품을 경매에 제공한 경우 계약해제나 손해배상과 같은 하자담보책임이 문제 된다.[445] 그런데 전문 예술품 경매회사들은 규모나 영향력에 따라 다른 보증약관을 운영함으로써 이러한 담보책임의 범위나 기간을 제한하고 카탈로그나 감정서에 복잡하고 모호한 용어를 사용하곤 한다. 여기에는 구매자들에게 신뢰감을 주어 구매욕을 자극하면서도 소송 등의 법적 책임은 회피하려는 전략이 개입된다. 작품을 구매하고 난 뒤에 위품이라는 사실을 알게 된 구매자는 계약상 책임 외에 전문 예술품 경매회사의 고의 또는 과실로 인한 불법행위 책임을 제기할 수 있다.[446] 전문 예술품 경매회사의 감정인이 경매에 제공하려는 작품이 위조된 작품임을 알았거나 주의를 게을리함으로써 이를 발견하지 못한 채 잘못된 감정 및 거래를 한 경우에는 손해배상책임을 지게 된다.

불법행위 주장은 원고가 실제로 입은 손해, 즉 불법행위가 있기 이전의 상태로 복구하는 데 필요한 만큼의 돈을 배상받을 수 있어 계약상 책임에 비교해 완전한 경제적 보상을 받지 못한다는 한계가 있다. 하지만 계약상 보증기간이 끝나더라도 일반불법행위 책임을 물을 수 있으며 계약 당사자가 아닌 제삼자도 소송을 제기할 수 있다는 장점이 있다.[447] 즉, 전문 예술품 경매회사로부터 예술품을 구매한 원구매자뿐만 아니라 후속 구매자도 소송을 제기할 수 있으며 더 나아가 예술품이 진품이라는 감정서를 신뢰하여 그를 담보로 돈을 대출해 준 은행도 원고가 될 수 있다. 불법행위를 제기할 수 있는 원고의 범위를 결정함에서는 행위가 영향을 미치는 이해관계자의

445 민법 제580조(매도인의 하자담보책임).

446 민법 제750조(불법행위의 내용).

447 *Rosen v. Spanierman*, 894 F.2d 28 (2d Cir. 1990).

범위, 피해를 줄 예측 가능성 등을 판단하고, 전문가에게 어느 정도의 책임을 지우는 것이 합리적인지 등에 관한 정책적 요소들을 고려해야 할 것이다.

5.2 요건

전문 예술품 경매회사에 감정실패에 대한 불법행위 책임을 지우기 위해서 원고는 ① 직무범위에 필요한 보통의 기술과 지식을 갖추고 행사할 의무, ② 의무위반, ③ 고의 또는 과실의 귀책사유, ④ 귀책사유와 손해와의 인과관계, ⑤ 현실적 손해 발생을 증명해야 한다.

1) 의무 내용

전문 예술품 경매회사는 감정을 제공하고 경매를 진행할 때에 직무범위(assignment) 내의 작업 수행에 필요한 보통의 기술과 지식을 갖추어야 한다. 직무범위는 관련 법률, 당사자 간 계약 및 약관, 기타 관행에 따라 정해질 수 있다. 예를 들어, 전문 예술품 경매회사는 보증에 관한 법률 또는 예술품 거래 시 필요적 기재사항을 정한 법률 등에 구속되기도 하며, 계약으로 여타의 과학적 분석이나 연구 등을 배제하고 안목 감정만을 제공할 것을 정함으로써 직무범위를 축소하고 시간과 비용을 절약할 수 있다. 또한 각종 예술 협회에서 정한 직무표준 등은 예술시장의 관행을 확인하기 위한 참고자료가 될 수 있을 것이다. 이처럼 전문 예술품 경매회사의 직무범위에 따른 의무는 거래가 이루어진 시기와 지역, 당사자들의 전문성의 정도, 감정의뢰 계약의 내용 등 구체적인 사안의 특성에 따라 정해질 것이다.

의사, 변호사, 회계사 등에 대한 전문가 과실 소송(professional malpractice)의 경우, 동일·유사한 지역에서 유사한 상황에 있는 직업군의 명망 있는 일원이 갖추고 있는 정도의 지식, 기술을 갖출 것이 요구되며 그렇지 않았을 때 과실을 인정할 수 있다. 그러나 예술 감정가의 경우 앞서 언급한 바와 같이 의사, 변호사처럼 국가가 관장하는 면허제도나 기타 학위요건이 없으므로 전문성의 척도를 정하는 데에 어려움이 있다. 이처럼 예술 감정가의 능력에 대한 일반적인 법리나 기준이 부재한 상황 속에서 미국 법원은 예술사, 박물관학, 과학 등 관련 영역에 대한 공식적인 교육 수준을 잣대로 삼기도 하고 풍부한 실무경험이 이러한 학문적 자격을 대신할 수 있다고 보기도 한다. 학위요건이 더욱 객관적이고 증명이 쉽다는 장점은 있지만, 현장에서 수많은 작품을 접해보고 감정에 대한 안목을 키우는 것 역시 중요하다는 점에서 두 요소 모두를 반영하여 감정가에게 필요한 지식 및 기술의 수준을 정해야 할 것이다.

다양한 장르, 화풍, 제작시기를 가진 작품을 위탁받아 경매에 제공하는 전문 예술품 경매회사는 일반 전문가에 해당한다. 이들에게 모든 개별 작품의 감정에 필요한 지식과 기술들을 갖추도록 요구하는 것은 무리일 것이다. 하지만 전문 예술품 경매회사는 자신의 지식 및 기술의 범위를 넘어서는 업무를 행할 때는 해당 분야의 특별 전문가와 상의를 하여 업무수행을 보완하거나, 고객에게 이를 언급하고 적합한 전문가를 추천하여야 할 것이다. 물론 전문 예술품 경매회사 중에서도 소더비처럼 원주민 골동품 부서, 이집트 골동품 부서, 표현주의 부서 등으로 작품의 제작시기 및 지역에 따라 세분된 부서를 갖춘 전문 예술품 경매회사들은 그 자체로 전문가로서 높은

수준의 지식과 기술을 보유해야 한다고 하겠다.[448]

현재 우리나라 대표 전문 예술품 경매회사로는 서울옥션과 케이옥션을 포함한 다양한 규모와 형태의 온·오프라인 전문 예술품 경매회사가 경쟁하고 있는 현 상황에서는 전문 예술품 경매회사 내부의 경매 실무 책임자를 '스페셜리스트'라고 부르는 것에 걸맞게 전문적인 소양을 갖추도록 하는 것이 중요할 것이다.

1987년 영국에서 있었던 *Luxmoore-May v. Messenger May Baverstock* 사건[449]에서 원고는 지역 전문 예술품 경매회사에 여우 사냥개가 그려진 두 점의 작품에 대해 시가평가를 의뢰하였다가 너저분하고 가치가 미미한 작품이라는 가치평가의견과 함께 40파운드의 감정가를 받았다. 원고는 지역 전문 예술품 경매회사를 통해 위 작품을 840파운드에 팔았는데, 실제 이 작품은 저명한 동물작가 조지 스터브스(George Stubbs)가 그린 것으로 5개월 후 소더비 경매에서 8만 8천 파운드에 팔렸다. 이에 원고는 지역 전문 예술품 경매회사에 전문가 과실소송을 제기하였다.

법원은 원고가 전문 예술품 경매회사 직원에게 여우 사냥개 작품을 주면서 가치가 있는 작품인지 알아봐 달라고 한 경우, 피고의 직무는 작품의 거래 가치에 관한 신중한 견해를 제시하고, 이를 위한 적절한 조언을 구하는 것이라고 보았다. 1심에서는 "자격 있는 가치평가사라면 이 작품이 가지고 있는 가치의 징후를 파악하고 추가 조사에 나아갈 필요성을 모르기 어려웠을 것"이라고 판시하였다. 이

448 *Luxmoore-May v. Messenger May Baverstock,* All E.R. 1067, CA (1990).

449 Ewan McKendrick, *Auctioneers, 'Sleepers' and Actions in Negligence,* 1 LJCP. 207, 207- 214 (1992).

에 전문 예술품 경매회사가 자신의 한계를 인식하고 작품을 더욱 자세히 검사하기 위해 전문가의 조언을 구하지 않은 부주의가 인정된다며 모든 손해를 배상할 책임이 있다고 하였다. 그러나 항소심에서는 지역 전문 예술품 경매회사와 주요 전문 예술품 경매회사를 의료계의 일반의와 전문의에 비견하며 지방에 있는 조그마한 전문 예술품 경매회사가 예술품에 대한 일반적인 가치평가는 할 수 있더라도 동물화에 대한 전문적 가치평가를 할 능력은 없다고 보아 피고 측에 지나치게 높은 수준의 지식과 기술을 요구한 1심의 판결을 뒤엎었다. 다만 같은 상황에서 피고가 크리스티나 소더비, 필립스와 같은 주요 전문 예술품 경매회사라면 과실책임을 질 수 있음을 암시하였다.

한편 영국에서 있었던 *Thomson v. Christies* 사건[450]에서는 원고가 1994년 크리스티로부터 18세기 루이스 15세 왕조 시대의 것으로 여겨지는 호튼 항아리를 197만 파운드에 샀다가 이것이 19세기에 만들어진 2만 5천 파운드 정도의 가치를 가지는 복제품과 구별하기 어렵다는 사실을 알게 된 뒤 부실표시(misrepresentation) 및 주의의무 위반을 이유로 소를 제기하였다. 원고는 자신이 크리스티와 이전 거래 경험과 신뢰가 축적된 '특별 고객(special client)' 관계에 있음을 들어 크리스티는 작품 묘사와 연대추정에 있어 발생하는 모든 의심스러운 사항과 위험을 알려야 할 의무를 위반한 것이라고 주장하였다. 고등법원은 크리스티가 항아리의 연대추정을 18세기로 한 것이 합리적이며 그것이 맞을 가능성이 70%라고 보면서도, 이것을 확정적

450 *Thomson v. Christie Manson & Woods Ltd. and others,* E.W.H.C. 1101 (Q.B.) (2004); E.W.C.A. CIV. 555 (2005); All E.R. (D) 176 (2005).

인 사실로 카탈로그에 기재하고 특별 고객인 원고에 대하여 연대추정에 대한 의심스러운 점을 알리지 않은 것은 부실표시 및 강화된 주의의무 위반에 해당한다고 판시하였다. 그러나 크리스티는 "고등법원의 판단은 감정 의견을 제공하는 데 있어 적절한 지식 및 주의의무를 행할 전문가의 의무를 반대의견이 존재할 가능성에 대해 보장할 의무로 전환한 결과"라면서 항고심을 제기하였다. 항소법원은 특별 고객 관계로부터 18세기의 작품과 19세기의 복제품을 구별하는 어려움을 알릴 특별한 주의의무가 도출되지는 않으며, 카탈로그에 기재한 사항도 정당한 확신을 바탕으로 한 것이라면서 고등법원의 판결을 뒤집었다.[451]

2) 의무위반

의무위반은 감정 또는 평가의 실패를 구성하는 첫 단계이자 고의와 과실이라는 귀책사유를 구성하는 전제조건이다.[452] 감정 또는 평가의 실패는 작위뿐만 아니라 부작위에 의해서도 이루어질 수 있다. 허위기재는 작위 형태의 의무위반, 기재 누락은 부작위 형태의 의무위반에 해당한다. 작품 감정 또는 평가로부터 위탁 거래, 사후 보증에 이르기까지 전반적인 서비스를 제공하는 전문 예술품 경매회사의 특징을 생각해 볼 때 어떤 경우에 의무위반이 있었다고 볼 수 있는지는 일의적으로 판단하기 어렵다. 하지만 감정 또는 평가의 실패에 대한 법적 제재의 타당성을 획득하기 위해서는 해당 생활세계를

451 Stephanie G. Vyas, *Is there an Expert in the House? Thomson v. Christie's: The Case of the Houghton Urns,* 12 IJCP. 425, 425-441 (2005).

452 이상돈, 《부실감사법—이론과 판례》(법문사, 2007), 252-253쪽.

자세히 들여다보면서 예술품 전문 예술품 경매회사의 직무범위와 그 위반을 판단하기 위한 수긍할 만한 기준을 마련하는 작업이 필요하다. 전문 예술품 경매회사는 그의 기술 및 지식을 유사한 상황에서 동일 인접한 지역의 명성 있는 구성원이 보통으로 수행하는 합리적인 방식으로 행하여야 한다. 작품의 진본성, 제작시기, 가치 등에 대한 완벽한 감정이 존재할 수 있는지는 의문이며 감정가들에게 그것을 요구하는 것 역시 지나친 부담이다. 전문가들은 유사한 전문 예술품 경매회사가 제공하였을 것으로 생각되는 합리적인 수준 내에서 각자의 지식, 경험, 노하우를 바탕으로 소신 있게 감정 의견을 내놓을 수도 있어야 하며, 법원 역시 여러 주장을 검토하여 우위에 있는 주장 또는 증거를 채택할 뿐이다.[453]

감정에 따른 과실책임이 문제되었던 미국 사건에서 판사는 "각각의 전문가는 그들 고유의 미적 고려와 경험에 기초하여 의견을 제시하는 것이므로, 이에 관한 판단에는 객관적인 기준이 존재하지 않는다"라고 하면서 법관이 예술전문가의 견해를 판단하는 것의 어려움을 지적하였으나, 전문가가 그들에게 요구되는 직업 기준에 합치되게 일을 수행하였다면 부주의로 인한 책임에 구속되지 않는다고 하였다.[454] 이는 법원이 자본의 논리를 따르는 상업 영역(현실)과 심미적, 학술적 관점에서 작품에 대한 고유의 평가를 하는 예술 영역 사이에서 균형을 유지하려는 것이다. 따라서 성실하게 주의의무를 다하여 예술품 감정에 임하였다면, 작품의 진위공방이 가려지지 않

453 손보미, 앞의 논문, 61쪽.

454 *Travis v. Sotheby Parke Bernet, Inc.* Index No. 4290/79, slip op. (N.Y. Sup. Ct. Nov. 11, 1982).

을 때는 물론, 감정 결과가 실패하였더라도 불법행위 소송으로부터 벗어날 수 있다.[455]

예술품의 감정 또는 평가 기구에서 주의의무의 기준으로 삼을 만한 실무표준을 마련하는 것도 하나의 방법이 될 수 있다. 다만 이 기준이 예술전문가 세계에서 보편적인 것으로 자리 잡기 위해서는 상당한 시간이 걸릴 것이고, 모든 가능한 상황을 망라할 만큼 예측가능하고 반복 적용할 만한 포괄적 기준을 마련하기도 어렵다는 한계가 있다. 반면, 지나치게 세부적인 표준은 감정가가 의무를 준수하거나 위반하는 결정에 내재하고 있는 이익들을 형량하기 어렵게 만든다.[456] 예술전문가가 당시의 지배적 견해에 일치하는 의견을 내놓았다면, 사후에 새로운 학식, 방법, 과학기술의 발전 등에 의해 그것이 잘못되었다고 밝혀지더라도 과실책임을 지지 않는다.[457] 즉, 과실에 관한 판단의 기준시점은 예술품 감정 또는 평가할 때다. 소더비, 크리스티와 같은 주요 전문 예술품 경매회사에는 작품 감정 문의가 쇄도하기 때문에 작품 하나하나에 대하여 충분하고 꼼꼼한 조사를 하도록 요구하기란 불가능하다. 그러나 전문 예술품 경매회사는 경매에 제공하는 작품에 대하여 가능한 모든 의구심을 제거할 수 있도록 전문적인 감정이나 조사를 하여야 하며 위탁자의 견해에만 의존하여 작품의 진위를 판단하거나, 기존 카탈로그를 인용하는 데만 그치고 보충적인 감정 및 조사를 하지 않았으면 의무위반을 인정할 수

455 Steven Mark Levy, *Liability of the Art Expert for Professional Malpractice,* 1991 Wis. L. Rev. 595, 606 (1991).

456 *Bily v. Arthur Young and Co.*, 222 Cal. App. 3d 289, 271 Cal. Rptr. 470 (1990).

457 Levy, *supra* note, 633.

있을 것이다.[458]

작품을 실제로 확인하지 않은 채 사진만으로 감정의견을 내놓은 경우 주의의무를 위반했다고 할 수 있다. 작품은 각도와 조명에 따라 달리 보일 수 있으므로 사진만 보고 감정을 내놓는 것은 한계가 있고, 덧칠이나 복구 여부 등 세심한 사항을 살피기 어려울뿐더러 조작의 가능성도 있기 때문이다. 물론 작품의 조사목적이나 성격 등에 따라 사진만을 근거로 판단하는 것이 보다 적절한 경우도 있을 것인데, 이러한 경우에도 해당 물건의 색감, 크기, 모양을 잘 보여주는 선명한 화질의 사진을 바탕으로 해야 할 것이다.[459] 감정인은 추가 정보가 필요하다고 생각될 때는 안목 감정뿐만이 아니라 X-ray, 방사성 탄소 연대기법 등을 이용한 과학감정을 행하여야 한다. 감정인은 어떠한 검사방법을 택해야 하는지에 대해 알아야 하며 조사기관을 선택하고 조사결과를 해석함에서도 주의를 기울여야 할 것이다.[460] 예술전문가는 감정 및 작품설명을 할 때 일반인이 이해하기 어려운 전문용어나 복잡한 표현을 되도록 피하고, 명확하고 간결한 언어를 사용하여야 한다. 이것은 감정 의견이 반드시 단정적이어야 한다거나 고유의 표현력, 개성이 드러나지 말아야 한다는 것이 아니며, 감정에 대한 정보가 효율적이고 오해가 없이 전달될 수 있도록 의미가 분명한 용어들을 사용하고 감정 결과에 대한 근거를 적절하게 설명해야 함을 뜻한다.[461]

458 임승택, 앞의 논문, 83쪽.

459 Levy, *supra* note, 611.

460 *Ibid.*, 612-614.

461 손보미, 앞의 논문, 64쪽.

3) 귀책사유

예술품 감정실패로 인한 직무범위을 지우기 위해서는 객관적 요건인 의무위반 외에도 주관적 요건으로서 고의 또는 과실이라는 귀책사유가 있어야 한다. 고의는 의무위반 사실에 대한 인식과 의욕이 있는 경우, 과실은 주의를 게을리함으로써 결과 발생을 예견할 수 있었음에도 그것을 인식하지 못한 경우를 뜻한다. 전문 예술품 경매회사가 예술품 감정 또는 거래 시 해당 작품이 위작임을 알면서도 매수인에게 허위의 진술을 하거나 "매수인이 알았더라면 계약을 체결하지 않았을 만한 정보"를 알리지 않았으면 문제가 될 수 있다. 성실하게 주의의무를 다하여 예술품 감정에 임하였다면, 작품의 진위 공방이 가려지지 않을 때는 물론, 감정 결과가 실패하였더라도 불법행위 소송으로부터 벗어날 수 있다. 반면 감정 결과가 성공적이었다고 하더라도 주의의무를 다하지 않았다면 입증의 부담이 커지고 책임을 지게 될 소지가 있다. 영미법제에서도 감정인이 잘못된 감정을 제공하거나 위작 등을 거래하여 구매자에게 손해를 일으킨 때에 사기(fraud) 또는 부실표시로 인한 불법행위 소가 제기된다. 사기소송이 성립하기 위해서 피고는 중요한 사실에 대하여 자신의 설명이 허위라는 정을 알면서 상대방을 기망[462]할 의도로 의사표시를 하였고, 원고는 이를 정당하게 신뢰한 결과 손해가 발생하였음을 입증하여

462 사기죄의 요건인 기망은 널리 재산상의 거래 관계에서 서로 지켜야 할 신의와 성실의 의무를 저버리는 모든 적극적 또는 소극적 행위를 말한다. 민사 불법행위에서 감정실패는 중요한 부분에 대한 것일 것을 요구하지만, 형사상 사기죄의 경우 반드시 법률행위의 중요한 부분에 관한 것일 필요는 없고 상대방이 착오에 빠져 재산적 처분행위를 하게 되는 판단의 기초 사실에 관한 것이면 충분하다. 대법원 2007. 10. 25 선고 2005도1991 판결.

야 한다.[463]

그런데 우리나라의 손해배상책임을 위한 고의와 과실은 영미법상 사기(fraud) 및 과실(negligence)과 일치한다고 볼 수 없다. 영미법상 사기소송이 성립하려면, 원고는 악의(scienter)의 존재, 즉 허위의 사실에 대해 알면서 또는 중과실로 허위진술을 했음이 증명되어야 한다. 단순한 경과실만 있었던 경우에는 제삼자에 대하여 사기로 인한 불법행위 책임을 지지 않는다. 영미법제에서는 과실로 인한 부실표시의 소를 제기하기 위해서는 직접적 계약관계 및 그로부터 비롯된 신인의무가 있어야 한다고 요구한다. 만약 단순한 경과실의 경우에도 감정인에게 책임을 과도하게 지운다면 사실상 사기로 인한 허위감정의 경우와 구별하기가 어려워지며, 감정인은 불확실한 시점의 불확실한 사람들에게까지 배상책임을 지게 되기 때문이다.[464]

전문 예술품 경매회사의 작품 감정은 작품 소장자뿐만 아니라 잠재적 구매자들에 대하여도 경매 전반에 걸쳐 카탈로그나 보증서 등의 형태로 제공된다. 즉, 전문 예술품 경매회사는 자신이 제공한 감정이 거래상 목적으로 이용될 것임을 예견할 수 있고, 상대방을 특정할 수는 없더라도 경매 서비스 이용 상대방의 범위를 어느 정도 합리적으로 예측할 수 있다. 게다가 전문 예술품 경매회사가 잠재적 구매자들에게 작품의 진본성 또는 가치를 강조하면서 작품 구매를 적극적으로 유도한 경우 계약관계라고 볼 만한 밀접한 관계를 인정

463 Lester B. Orfield, *Criminal Misrepresentation: Obtaining by False Pretenses,* 14 Neb. L. Bull. 129, 133-137 (1936).

464 어떤 행위가 다른 사람을 착오에 빠지게 한 기망행위에 해당하는가는 거래의 상황, 상대방의 지식, 경험, 직업 등 행위 당시의 구체적 사정을 고려하여 일반적·객관적으로 판단해야 할 것이다. 대법원 2007. 10. 25 선고 2005도1991 판결.

할 수 있을 것이다.[465]

우리나라 부동산중개인의 불법행위에 관한 판례에서는 중개인이 분양계약에 따른 이행상의 책임이나 손해를 담보할 의사가 있는 것으로 매수인을 안심시키는 방법으로 계약체결을 적극적으로 권유하거나, 임대인의 재력을 과장하고 해당 주택을 임차하려고 대기하는 손님이 많다는 언급을 하여 임차인이 성급하게 분양계약을 체결하도록 한 경우 과실로 인한 손해배상책임을 인정한 바 있다.[466]

나아가, 결과적으로는 감정이 성공하였더라도 감정을 행할 때 주의의무를 다하지 않은 경우를 손해를 인정하기 어려워 배상책임을 묻기는 어렵겠지만, 감정 결과의 신뢰성에 대해 의혹을 제기하는 주장에 대해 그보다 우위에 있을 만한 근거를 제시하여야 할 부담이 있다. 그뿐만 아니라 감정이 잘못되었다는 주장을 하는 자가 나름의 합리적 자료와 근거를 바탕으로 한 것이라면 명예훼손이 성립하기도 쉽지 않을 것이다. 서울옥션 측이 경매 최고가를 경신하며 화두에 오른 박수근 화백의 〈빨래터〉 작품의 위작 의혹을 제기한 아트레이드 잡지사에 명예훼손으로 인한 손해배상 청구를 한 사건[467]에서, 법원은 작품이 진품이라는 감정 결과를 받아들였으나, "피고인

465 예술품 감정에 기망행위가 있었는지를 판단하기 위해 법원은 감정인이 충분한 자료수집과 조사를 통하여 합리적이고 신중한 감정 결과를 내놓은 것인지를 확인하여야 한다. 사기죄는 고의범이므로 비록 감정 내용이 객관적 사실에 반하더라도 감정인의 주관적 판단에 반하지 않을 때에는 처벌할 수 없다. 하지만 법원이 인정하고 채택한 감정 결과와 현저히 반하는 자의적인 감정을 한 경우에는 고의가 인정된다.

466 서울중앙지방법원 2005. 12. 9 선고 2005가합7851 판결, 서울중앙지방법원 2007. 6. 28 선고 2006가합72159 판결.

467 서울중앙지방법원 2009. 11. 4 선고 2008가합7265 판결.

이 '빨래터'가 위작이라는 의혹을 자세히 설명한 후 감정협회를 통한 진위감정의 필요성을 주장한 타당한 사유가 인정되는바, 기사는 정당한 언론 활동의 범위를 벗어난 것으로 볼 수 없다"라고 판시하였다.[468]

4) 인과관계

전문 예술품 경매회사의 허위감정으로 인한 불법행위 책임이 무한히 확장되는 것을 차단하기 위해서 구매자는 전문 예술품 경매회사의 감정이 예술품 매매계약 체결에 결정적인 역할을 하였음을 입증하여야 한다. 즉, 구매자가 전문 예술품 경매회사의 잘못된 감정을 신뢰(reliance)하여 작품을 구매하였다는 인과관계가 존재하여야 한다. 구매자가 전문 예술품 경매회사의 감정을 작품 구매에 앞서 수집한 다양한 정보 중 하나로 참고했을 뿐, 독립적인 판단(independent judgment) 아래 경매에 참여한 것이라면 거래 인과관계가 부정된다. 전문 예술품 경매회사는 정보의 우위를 가지고 구매자들에게 전문 예술품 경매회사의 전문적 설명을 신뢰하도록 유인한다는 점에서 강력한 거래 지위에 있다. 또한 작품의 유일성 또는 대체 불가능성,[469] 작품의 제한적인 공급 구조를 고려할 때 전문 예술품 경매회사의 감정은 해당 작품의 가격을 형성하는 주요 요인 중 하나이다. 이처럼 전문 예술품 경매회사의 감정이 시장에서 압도적으로 우월한 투자정보로 작동하였고 구매자 역시 이를 믿고 거래에 참여하였

468 손보미, 앞의 논문, 69쪽.

469 배득종, 〈문화유통시장의 개방에 따른 문화정책—미술품 시장의 시스템 다이내믹스 분석〉, 《한국행정학보》(한국행정학회) 제25권, 제4호(1992), 248-250쪽.

다면 신뢰의 인과관계는 사실상 추정되는 수준으로까지 폭넓게 인정될 것이다. 반면 작품의 가치란 매우 주관적이며 전문가의 감정은 구매자의 의사결정을 돕기 위해 제공되는 하나의 정보라는 점, 이를 어느 정도로 신뢰하여 작품 구매로까지 나아갈지는 전적으로 구매자의 판단이라는 점을 강조한다면 인과관계가 탈락할 여지가 커진다. 작품 구매자가 투자 결정에 앞서 여러 가지 정보들을 종합적으로 고려하여 투자실패의 위험을 무릅쓰고 자유로운 의사결정을 한 경우, 이로 인해 발생한 손해를 감정인에게 귀속시킬 수는 없다. 구매자가 전문 예술품 경매회사의 설명을 어느 정도로 신뢰했는지에 따라 전문 예술품 경매회사에 유연한 책임을 부과하는 것이 이치에 맞다. 구매자의 전문성의 수준에 따라 개연성 있는 신뢰의 정도가 달리 평가될 것이다.[470]

1990년 크리스티 옥션은 토니 샤프라지 갤러리(Tony Shafrazi Gallery Inc.)에게 장 미셸 바스키아(Jean Michel Basquiat)로부터 직접 입수한 것이라는 작품을 24만 2천 달러에 거래하였다. 다음 해 샤프라지 갤러리는 이를 오시(Orsi)에게 18만 5달러에 거래하였고, 2006년 오시는 작품의 전시 대여를 위해 장 미셸 바스키아 감정위원회에 진품 증명서를 요구하였다가 작품이 위작이라는 것을 알게 되었다. 오시는 처음에 샤프라지 갤러리에 소송을 제기하였다가 다시 샤프라지와 공동으로 크리스티에 대하여 사기, 기망적 유인, 과실에 의한 부실기재, 계약 및 보증 위반 등의 소를 제기하였다.[471]

---

470 손보미, 앞의 논문, 70쪽.

471 *Tony Shafrazi Gallery, Inc. v. Christie's Inc* (N.Y. Sup. Ct. Nov.17. 2008); N.Y. Misc. Lexis 2428 (N.Y. Sup. Ct. 2009); summary judgement N.Y. Misc. Lexis 5578 (N.Y.

법원은 작품의 원구매자였던 샤프라지 갤러리에 대하여 계약 및 보증 위반의 소는 시효가 만료되었고 사기소송에 있어서는 작품을 진품으로써 되팔았기 때문에 손해가 없다는 점에서 청구원인을 배척하였다. 작품의 2차 구매자인 오시는 감정위원회가 크리스티에게 경매에 앞서 작품이 적절하지 않다고 알려준 바 있다면서 크리스티는 고의 또는 중과실로 기망의 의도를 가지고 바스키아의 작품에 대한 허위설명을 한 것이고, 오시는 작품의 진위와 출처에 대한 카탈로그를 신뢰하여 구매한 결과 사기로 인한 손해가 발생하였음을 주장하였다. 뉴욕 1심법원은 크리스티가 후속 구매자(downstream purchaser)의 존재를 알지 못했고 카탈로그에 "원구매자만이 이에 의존한다"라는 점을 분명히 했다는 주장에도 불구하고, 크리스티는 '시장형성자(market maker)'로서 후속 구매자가 카탈로그에 포함된 진본성에 관하여 신뢰할 것이라는 점을 알았거나 알았어야만 했다고 판시하였다. 이로부터 3년 뒤 법원은 원고가 크리스티가 작품이 위작이었다는 점에 대하여 알고 있었다는 점을 증명하지 못했기 때문에 약식판결로 크리스티의 손을 들어주었다.

비교적 최근에 있었던 이 판결은 경매에서 팔린 작품을 전득한 제2 매수인이 전문 예술품 경매회사에 직접 사기소송을 제기하였다는 점에서 의의가 있다. 특히 크리스티와 같은 주요 전문 예술품 경매회사는 (법적으로 받아들여진 용어는 아니지만, 예술계의 현황을 담은 의견서를 활용하여) '시장형성자'에 해당한다면서 카탈로그 등에 보증책임의 범위를 제한해 놓았더라도 후속 구매자가 카탈로그에 의존할

Sup. Ct. 2011).

것이라는 점을 알았거나 알았어야만 했다고 판시한 부분은 눈여겨 볼 만하다. 원고는 피고의 허위에 대한 인식 및 기망의도를 충분히 증명하지 못하여 승소하지는 못하였으나, 만약 이를 입증하였더라면 직접매도인이 아닌 전문 예술품 경매회사에 대하여도 책임을 물어 더욱 효과적인 구제를 받을 수 있었을 것이다.[472]

경매인의 허위진술 및 사기에 대한 가장 오래된 판결인 18세기 영국의 *Jendwine v. Slade* 사건[473]은 연대가 오래된 작품에 대해 정확한 감정을 제공하기란 현실적으로 어렵다는 점을 고려하여 감정에 대한 구매자의 신뢰를 부정한 예이다. 원고는 피고에게 산 두 장의 작품이 복제품임을 알게 되자 사기로 인한 소송을 제기하였는데, 카탈로그에 작품의 작가명을 기재한 것이 그에 대한 보증을 이루는지 구매자가 신뢰할 것으로 의도하지 않은 단순한 설명 또는 의견인지가 문제 되었다. 법원은 작품이 만들어진 시기가 오래되어 경매인이 작품의 진본성을 확인하는 것이 불가능하므로 카탈로그의 기재는 진본성에 대한 보증이 아닌 판매자의 의견에 지나지 않는다고 하였다. 구매자는 독립적인 판단 아래 작품을 구매한 것이고, 판매자가 자신의 설명이 진실하다고 믿었더라면 사기에 해당하지 않는다.

5) 손해

전문 예술품 경매회사의 감정 또는 카탈로그의 표시를 믿고 작품을 구매 또는 전득한 자는 잘못된 감정 또는 가치평가로 인해 실제적이고 측정 가능한 손해가 발생하였다는 점을 증명함으로써 손해배상

472 손보미, 앞의 논문, 71-72쪽.

473 *Jendwine v. Slade*. 170 Eng. Rep. 459 (1797).

을 받을 수 있다. 손해는 직접적이며 확정적이어야 한다. 그런데 작품의 감정 및 매매를 둘러싼 소송에서 손해를 입증하는 것은 매우 어렵다. 법원이 작품의 진위를 판단하는 과정에서 무척 복잡하고 첨예한 감정 의견 대립이 있을 수 있으며, 감정 의견에 의존하여 발생한 손해인지를 판단하기도 어렵기 때문이다.

여우 사냥개 작품에 대해 터무니없이 낮은 가치평가를 받고 위탁 거래하였다가 이후 런던 소더비 경매에서 그 작품이 100배가 넘는 8만 8천 파운드에 팔려 과실로 인한 손해배상을 구한 *Luxmoore* 사건[474]에서, 1심법원은 8만 8천 파운드에 대한 손해 전부를 배상해야 한다고 판시하였으나, 항고심은 이는 지역 전문 예술품 경매회사에 지나친 의무를 부과하는 것이라며 의무위반을 인정하지 않았고 나아가 피고의 가치평가에 과실이 없었다면 8만 8천 파운드에 달하는 평가액을 받을 수 있었다는 점도 "매우 확정적이지 않다(highly conjecture)"라고 하였다. 피고가 위 작품이 가치 있는 것으로 생각했다면 빌링허스트의 소더비 지사에 작품을 보냈을 것인데, 빌링허스트 소더비가 작품 가치를 식별했을 것이라거나 런던의 소더비에 작품을 보내어 높은 평가액을 받았을 것을 의미하는 것은 결코 아니기 때문이다.

가장 최근의 경매낙찰가는 작품의 시장가격에 대한 확실한 지표가 될 것이다. 하지만 과실 있는 가치평가가 이루어진 때와 이후 작품이 고액에 팔리게 된 때가 시간상으로 멀거나, 엄청난 경매 가격이 공정한 시장가격을 나타내기에는 비합리적이라는 점 등을 들어

474 *Luxmoore-May and another v. Messenger–May Baver Stock(a firm)*, All E.R. 1067, CA (1990).

반증할 여지가 있다.

Rosen v. Spanierman 사건[475]에서 원고 로즌(Rosen)은 피고 갤러리에서 존 싱어 사전트의 것으로 여겨지는 초상화의 구매를 협상하고 결정하였다. 원고의 장모였던 리프먼(Lipman)은 딸과 사위의 결혼기념으로 위 작품을 보지 않은 채 15,000달러의 수표를 지급했으며 작품은 원고의 집으로 곧장 배달되었다. 갤러리는 작품이 존 싱어 사전트의 진품임을 완전히 보장한다는 서명과 함께 원고의 요청에 따라 1975년부터 1986년까지 감정서를 수차례 제공하였다. 마지막 해에 제공한 평가액은 130,000달러였다. 1987년 작품을 크리스티 옥션에 내놓으려던 원고는 그것이 위작임을 알게 되자 리프먼과 공동원고로 스패니어먼(Spanierman) 갤러리에 대하여 사기, 보증 위반 등의 소를 제기하였다. 피고는 부실표시가 제삼자에게 전달될 것을 의도하거나 예상하였고 제삼자가 그것에 의존하여 손해를 입었다면 배상책임을 지게 된다. 갤러리는 리프먼에 대하여 작품에 관한 직접적인 설명을 한 적이 없는바, 리프먼이 사위를 위해 작품을 구매한다는 것을 알았다는 점만으로는 피고의 설명이 리프먼에게 전달될 것을 의도하거나 예상했다고 볼 수 없고 로즌의 경우 송장에 적힌 구매자가 아니라는 점에서 부실기재를 신뢰하여 발생한 손해가 인정되지 않았다. 로즌이 기술적 의미에서 거래당사자가 아니라는 점, 리프먼이 갤러리부터 직접 어떠한 설명을 들은 적이 없다는 점을 이유로 사기 주장을 인정하지 않은 지방법원의 판결은 실제의 거래 현실을 도외시한 것이다. 사기로 인한 배상을 구할 권리는 거래당사자

475 *Rosen v. Spanierman*, 894 F.2d 28, 10 UCC Rep. Serv. 2d 846.

에게만 국한되지 않으며, 이 거래는 피고의 부실기재가 없었더라면 발생하지 않았을 것이다. 구매자금을 지출한 자가 리프먼이라는 우연적인 요소로 피고가 유리해지는 것은 부적절하다. 리프먼과 로즌 간에는 선물 증여의 약속이 있었다는 점, 수증자가 신중한 조사와 협상을 진행한 후 직접 배달을 받은 사실이 있었다는 점을 비추어볼 때, 리프먼이 지출한 구매대금은 로즌의 자산으로 볼 수 있을 것이다. 피고의 설명이 허위가 아니었다면 원고는 가치 있는 자산에 투자하여 200,000달러 상당의 작품을 가지고 있을 수도 있었을 것인데, 피고의 부실표시가 원고가 가치 있는 것을 얻지 못하도록 유도하였다면 실제 금전상 손실을 인정할 수 있다.

불법행위로 인한 손해 산정방식에 따르면 원고는 전문 예술품 경매회사의 감정 또는 가치평가의 실패로 인해 실제로 입은 손해, 즉 작품에 대해 지급한 가격에서 위작 등으로 판명된 작품의 실제 가치와의 차액을 전부 받을 수 있다. 감정 또는 가치평가의 실패는 위작이나 권원이 없는 작품에 대하여 진본성이 있다고 평가 절상한 경우 외에도 감정가를 지나치게 낮게 평가하여 구매자가 투자 기회를 잃게 한다든가 위탁거래자가 작품의 가치에 대한 적절한 대가를 받지 못하게 하는 경우 등 다양하게 나타날 수 있다.

Cristallina v. Christie's 사건[476]에서 크리스티의 대표였던 데이비드 배서스트(David Bathurst)는 크리스탈리나(Cristallina) 소유의 8점의 작품에 대해 높은 견적가와 내정가를 제시하면서 위탁 거래에 합의를 하였다. 그런데 크리스티의 표현주의 담당자였던 크리스토퍼 버지

476 *Cristallina S.A. v. Christie, Manson & Woods Int'l*, 117 A.D.2d 284 (N.Y. App. Dic. 1986).

(Christopher Burge)는 견적가를 재검토하면서 일반인과 언론에 작품의 추정가가 내정가보다 낮다는 조언을 하였고, 그 결과 8점의 작품 중 단 하나의 작품만 팔리고 나머지 7개의 작품은 유찰되었다. 이에 크리스탈리나는 사기적 허위진술, 부주의, 계약 및 수임자의무 위반을 이유로 소송을 제기하였고, 경매 실패로 입은 손해 및 징벌적 손해배상을 구하였다.

1심의 약식재판에서는 원고가 예술 상인이라는 점에서 작품의 가치평가에 있어 크리스티보다 유리한 위치에 있다며 손해를 인정하지 않았다. 그러나 항소법원에서는 크리스티가 위탁자의 대리인으로서 최대한 성실하게 행동해야 할 신인의무가 있으며, 원고의 작품 견적이 부적절하다는 점과 내정가를 낮추지 않는 이상 낙찰이 어려울 것을 알거나 알았어야 함에도 이를 알리지 않은 것은 현존하는 중대한 사실에 대한 부작위의 진술로 사기소송의 대상이 된다고 하였다. 법원은 경매 이전의 작품 가치와 경매 이후의 작품 가치의 차액을 손해로 산정하였다.

역으로 위탁 판매인의 작품이 저명한 작가의 작품임을 알아보지 못하거나 모조품이라고 잘못 평가한 경우를 예로 들 수 있다. 알려지지 않았던 작품의 진가가 드러나게 되면서 예상치 못한 갑작스러운 성공을 거두게 되는 경우를 가리켜 'sleeper'라고 부르기도 하는데, 경매인이 이러한 'sleeper'의 가치를 알아보지 못한 경우 의무위반으로 인한 손해가 문제된다.

앞서 언급한 *Luxmoore* 사건에서 1심 법원은 작품의 실제 시장가격을 손해로 보아 소더비에서의 낙찰 금액인 8만 8천 파운드에 대한 배상명령을 내렸다. 그러나 항소심에서는 피고의 감정에 과실이 없었다면 8만 8천 파운드의 감정가를 받을 수 있었다는 점이 매우 불확정적이라고 보았다.

자주 문제가 될 수 있는 사례로, 위작 등의 값싼 작품을 진품 또는 값비싼 작품이라고 부주의하게 조언한 경우를 생각해볼 수 있다. 이 경우 재산상 손해액은 원고들이 작품에 대해 실제로 지급한 대금과 가치평가의 실패가 없었을 경우 해당 작품의 적정 가격과의 차액이라고 할 것이다. 또한 예술전문가가 명백한 진품을 위작이라고 평가하거나 세기의 거장의 작품임을 식별해 내지 못하여 구매자가 작품을 사지 않음으로써 발생한 손해를 생각해 볼 수 있다. 이 경우의 손해는 불확실하고 직접적이지 않아 기각될 가능성이 크다. 원고가 전문가의 잘못된 감정이 없었다면 작품을 기꺼이 구매할 의사가 있었고 재정적인 여유도 있었음을 증명한다면 소 제기 당시 작품의 실제 시장가격에서 원고가 구매할 수 있었던 가격의 차액을 손해로 인정할 여지가 있다.

예술경매시장의 특성상 실제 손해 발생을 증명하기란 어려운 점이 있다. 작품에 대한 감정가격(추정가)은 경매 참여자들의 매입 의사 및 응찰 가격 결정에 영향을 미친다. 하지만 작품에 대한 객관적인 공시가격이 없는 상황에서 입찰담합, 가장 입찰 등 다른 위법 요소들의 개입이 없는 한 다수 참여자의 자유로운 경쟁 심리와 욕망이 더해져 치솟은 가격은 엄연한 '시장가격'의 지표가 된다.[477]

6) 항변

과실책임을 지지 않거나 제한하기 위해서 예술전문가는 피해자가

477 손보미, 앞의 논문, 77-78쪽.

자신에게 초래될 피해를 최소화하는 데 통상적인 주의를 다 하지 못하여서 스스로 과실을 초래하거나 과실에 기여하였음을 주장할 수 있다. 이러한 과실유발 또는 과실상계의 항변에 대해 영미법에서는 기여과실(contributory negligence), 과실상계(comparative negligence)로 불리기도 하는데, 전자는 오직 불법행위에만 적용되며 원고가 피해보상을 받는 것을 완전히 금하는 엄격한 법리이고 후자는 우리나라 민법상의 과실상계[478]와 같이 과실의 정도에 상응하는 비율로 감액하는 법리이다. 객관적 사실에 대한 항변으로는 작품 위탁자가 위탁물품에 대하여 완전하고 신뢰할 만한 정보를 제공하지 않았거나 구매자가 작품에 대해 동등하거나 더 뛰어나 수준의 지식과 전문성을 갖추었다는 점, 기타 진품으로 믿고 산 작품이 위작으로 판명된 경우 작품을 좋은 상태로 보관하고 더 유리한 가격에 거래할 기회를 이용하는 등 손해를 최소화할 의무를 다하지 아니한 경우를 들 수 있다.[479] 주관적 사실에 대한 항변으로는 손해를 입은 구매자가 전문예술품 경매회사 또는 감정가의 의견을 합리적인 정도로 믿지 않았던 경우를 생각해 볼 수 있다.

원고가 피고의 과실 있는 행위에서 발생한 위험을 자진해서 감수한 경우, 피고는 첫째, 원고가 과실로 인해 발생한 위험을 인지하였고, 둘째, 그 인지된 위험을 자발적으로 감수하였음을 증명하여 위험 감수(assumption of risk)의 항변을 할 수 있다. 전문가가 그의 추론과정 및 한계, 그것의 토대가 된 사실, 그의 최후결론에 영향을 미칠 수 있는 모든 의심스러운 사실들에 대해 완전하고 적절하게 공개를

478 민법 제396조(과실상계).

479 Levy, *supra* note, 622-624.

한 경우, 그 결론에 따라 행동할지는 고객의 위험부담이 된다.

또한 고객이 다수의 감정가로부터 얻은 상이한 견해 중 하나를 선택한 경우나, 전문가의 과학적 조사의 추천에도 불구하고 비용을 지출하는 것을 거절한 고객도 잘못된 감정으로 인한 위험을 감수한 것이 된다.

6 정리

전문 예술품 경매회사들의 전통 관행 및 약관은 매수인 위험부담원칙을 바탕으로 약관에 "당사는 경매 물품을 현 상태로 위탁할 뿐 작품의 상태와 관련해서는 응찰자에게 사전 확인 의무가 있다"라고 명시하고 있다.

예술품 경매에 참여하여 작품을 낙찰받은 매수인은 매매계약의 당사자로서 반대급부인 작품 대금에 대한 납부의 의무가 있다.[480] 정상적으로 낙찰대금을 지급하면 다행이지만 일부 낙찰자의 경우 변심 혹은 기타 사유로 납부를 거부하는 경우가 발생한다. 진정한 매매의 의사 없이 경매 절차의 방해를 위해서 입찰하였거나, 타인과 공모하여 특정 작가의 작품 가격을 높이기 위해 낙찰을 받은 경우라면 경매회사에 대한 업무방해[481]에 해당한다. 또한 본인이 특정 경매 물품을 낙찰받기 위해 타인의 입찰을 방해하는 등의 경우 형법 제315조상의 경매 입찰 방해죄의 검토도 고려해 볼 수 있겠다. 현재

480 민법 제568조(매매의 효력).

481 형법 제314조(업무방해).

우리나라의 각 법조문상 규정되어 있는 경매에 관한 규정들은 소위 채권추심을 위해 담보 물품을 처분하는 강제경매와 국가기관에서 진행하는 공경매를 대상으로 하는데, 사기업에서 진행하는 예술품 경매의 경우도 전문성과 공정성을 고려하여 본다면 충분히 해당 규정들을 적용할 사회적 공감대가 형성될 시기라고 생각한다. 예술품 낙찰대금의 지급능력이 없거나 대금 지급의 의사가 없음에도 경매 절차에 참여하여 작품을 낙찰받은 경우는 사기죄[482]에 해당한다. 민법상의 계약의무 불이행에 대해서는 민법 제390조에 기한 채무불이행에 대한 손해배상 의무가, 영업 방해 및 사기 등 형법상의 책임에는 민법 제750조에 기한 손해배상의 책임이 발생하고, 상습범[483]의 경우 가중하여 처벌한다.

무과실책임(strict liability)은 엄격책임으로 불리기도 하며, 일반적으로 피고가 안전의무에 대한 절대적인 의무가 있는 상태에서 그 의무를 위반하였고 이와 관련하여 사실상, 법률상 인과관계가 존재하여 원고의 신체 혹은 재산상 손해가 발생하는 경우 성립된다. 구매자에 대해 전문 예술품 경매회사의 일방적 우월적 지위를 고려할 때 전문 예술품 경매회사에 과실이 없더라도 사회적 연대와 공평의 관점에서 고가의 예술품을 구매하는 과정상 전문가로 인해 겪게 되는 금전적 손실은 물론 정신적 충격까지 배상이 필요하다는 견해도 있는데,[484] 무과실책임은 아주 특수한 경우에만 적용되는 엄격책임원칙이라 경매를 포함한 일반적 상거래(경매 포함)에는 절대 적용 불

482 형법 제347조(사기).

483 상법 제351조(상습범).

484 Jáuregui, *supra* note, 2024.

가하다. 전문가 책임(malpractice)은 원래 의사나 변호사, 회계사 등과 같이 고도의 전문성을 띠고 사회 전체의 이익과 관련 있는 일에 종사하는 직군을 중심으로 논의됐다. 이들은 전문가로서 높은 수준의 주의의무를 행하여야 하며 이를 다하지 못해 피해를 본 상대방에 대하여는 책임요건이나 입증수준의 완화를 통해 엄중한 책임을 진다. 소더비와 크리스티와 같은 전문 예술품 경매회사는 감정을 위한 국제적 네트워크를 갖추고 있고, 그들이 보증한 작품들은 진품으로 통용되며 이들이 제시한 가격은 면밀한 감정과 장기간의 거래기록에 근거하여 책정된 것이라는 공신력을 얻고 있다는 점에서 전문가 책임의 적용을 검토해 볼 수 있다. 사회 전체적 측면에서 예술전문가의 활동으로 인한 이익을 극대화하고 과실로 인한 손해를 최소화할 수 있는 적절한 규제 수준을 마련하는 것이 중요하다.[485]

서로 대등한 위치였다면 고객이 의도했을 정당한 계약의 내용을 회복해 주는 방법으로 고객을 보호하고 약관거래상의 공정성을 확립하는 것이 중요하므로 불공정한 약관은 규제할 필요가 있다.[486] 약관규제법에서는 사업자가 그 거래상의 지위를 남용하여 체결한 "불공정한 내용의 약관을 규제함으로써 건전한 거래질서를 확립하고, 이를 통하여 소비자를 보호하고 국민 생활을 균형 있게 향상하는 것을 목적으로 한다"고 규정하고 있다. 미국에서의 불공정 약관에 대한 규제도 영국과 마찬가지로 법원이 면책약관의 계약조항이 공서양속에 어긋난다는 이유로 무효라는 판결을 하면서부터 시작되었다.[487] 이러한 판례의 입장은 U.C.C.에 성문화되었고, 법적 구속력

485 곽관훈, 앞의 논문, 47-68.

486 공정거래위원회, 앞의 책, 3쪽.

은 없으나 부차적인 법원의 역할을 하는 제2차 리스테이트먼트에서도 약관계약과 관련하여 전통적인 계약법을 수정하고 있다.[488] 미국법에서의 약관에 대한 해석통제로는 작성자 불이익 원칙,[489] 합리적 기대(reasonable expectations)의 원칙, 평등 취급의 원칙[490] 등이 있으며, 불공정성 통제로는 법원에 의하여 실질적·절차적으로 적용되는 비양심성(unconscionability)의 법리[491]가 있다. 영국은 면책약관규제에 관한 판례법이 형성되면서,[492] 소비자 보호의 필요성을 느껴, 2015년 10월 1일부터 소비자권리법(Consumer rights Act 2015)이 시행되었다.[493] 따라서 2015년 10월 1일 이후에 체결된 소비자계약에 대하여는 소비자권리법이라는 단일한 법령의 규율을 받게 되었다.[494] 소비자권리법 제2부는 소비자계약에서의 불공정조항에 대하여 규율하는 등 약관규제에 관한 내용을 다수 포함하고 있다.[495]

품질보증의 전제가 되는 제품의 하자는 거래 통념상 혹은 당사자 특성상 해당 물품의 품질, 형태, 성능상의 결함으로 교환가치나 사용가치에 감소를 초래하는 경우일 것이다.[496] 하자의 판단은 일단 주관적으로 파악해야 하는데, 계약상 정한 특별기준, 매매계약의 목

487 김영주, 앞의 논문, 95쪽.
488 한기정, 앞의 논문, 311쪽.
489 Restatement (second) of contracts §206. Inerpretation against the dragtsman.
490 Restatement (second) of contracts §211(2).
491 이금노, 앞의 논문, 35-40쪽.
492 *Pearson (S) & Son Ltd v. Dublin Corporation* [1907] AC 351.
493 이은희, 앞의 논문, 210쪽.
494 Mckendrick, *supra* note, at 459.
495 *Ibid.*, 460.
496 김성천, 앞의 책, 17쪽.

적, 계약체결 상황 등을 기준으로 판단하고 당사자 간 정한 바가 없다면 객관적으로 판단하여야 한다.[497] 예술품 컬렉터들은 매우 주관적이고 다양한 동기를 바탕으로 거래에 참여하기 때문에 예술품의 하자 개념은 당해 계약목적에의 적합성이라는 주관적 기준을 바탕으로 판단하여야 한다.[498] CISG에서는 제2조에서 일반 개인용 혹은 가정용 사용목적의 인지하에 이루어진 매매 물품과 경매 및 강제집행 기타 법령에 따른 매매에는 협약이 적용되지 않음을 명시하고 있다. 따라서 국가에 의한 공경매 및 통상적인 예술품 경매 모두 CISG 상의 하자로 인한 구제를 논할 수는 없다.

U.C.C.는 거래의 신의와 공정함을 위해 제정되었으며 이 법률에 따르면 통일된 상거래 상황이란 거래당사자 간에 관련 사실에 대해 완전하고 충분한 공개가 있는 경우를 뜻하며 이러한 상황에서 거래가 이루어져야 한다고 본다. 명시적 보증에 관한 조항인 U.C.C. 제2-313조는 바로 이러한 취지를 바탕으로 하고 있다.[499] ACA는 예술품의 거래에 관한 특별법적 성격을 가지고 보증의 규정 또한 규정하고 있다. 맥너슨-모스법이라고 흔히 불리기도 하는 미국의 소비자 제품보증법(The Magnuson-Moss Act; The Warranty Act)은 1975년 1월 4일 포드 대통령에 의해 통과되었다.[500] 이 법에 따라 판매자는 소비자들이 구매한 제품에 대하여 보증에 관련된 모든 사항을 정확하게 전달하고 제대로 이행해야 하며 만약 판매자가 판매한 제품에 대한

497 위의 책, 17쪽.

498 대법원 2000. 1. 18 선고 98다18506 판결, 대법원 1997. 5. 7 선고 96다39455 판결, 대법원 2002. 4. 12 선고 2000다17834 판결 등.

499 U.C.C. §2-313. Express warranties by affirmation, promise, description, sample.

500 손영화·손수진, 앞의 논문, 331쪽.

보증을 이행하지 않을 경우 소비자가 취할 수 있는 절차에 대해 자세한 설명을 요구할 수 있는 권한을 부여하고 있다. 기본적으로는 상업용이 아닌 개인용, 가족용 목적의 동산이 적용 대상이므로, 비상업적 용도로 개인적으로 구매한 예술작품의 경우 이 법을 참고할 필요가 충분하다.

예술품을 전문적으로 취급하는 예술 관련 기관들은 혹시 발생할지 모를 자연재해나 취급 부주의 등의 인재, 도난과 분실 등에 대한 대비책으로 보험을 든다. 관련 기관들은 각종 전문보험 가입을 통해 위험을 포괄적으로 담보하고 있으며 경매회사는 약관상 작품의 위탁자로 하여금 일정한 기간에 대하여 경매회사가 요구하는 기간 동안의 보험증권을 제시하여야 한다고 규정함으로써 경매목적물에 대한 보험 가입을 요구하기도 하지만,[501] 실무상으로는 경매회사의 책임으로 낙찰품의 보관, 운송, 설치가 진행되고 있다.

501 최민정, 앞의 논문, 72쪽.

제5장

온라인 경매상의 특별 법률문제

1 온라인 경매 개관

1.1 온·오프라인 경매의 비교

최근 정보통신기술의 발달 및 온라인 상거래의 활성화는 예술품 경매로까지 확대되어 온라인 경매를 통한 예술품 거래의 비중이 증가하고 있다. 이러한 상황을 고려하여 온라인 경매에 관한 내용을 별도로 다루고자 한다.

"온라인 경매란 온라인상의 경매 중개사이트를 통하여 판매자와 구매자 간에 입찰과 낙찰의 방식으로 이루어지는 거래를 말한다."[502] 온라인 경매는 1995년 미국에서 이베이(eBay) 등의 대형 전문 온라인 경매 사이트가 영업을 시작한 이래로 전 세계로 급속하게

502 이형규, 〈인터넷 경매업자의 법적 지위와 권리 및 의무〉, 《비교사법》(한국비교사법학회) 제10권, 제2호(2003), 393쪽.

확산되었다.[503] 한편 우리나라에서도 1998년 4월 (주)옥션(auction)이 온라인 경매를 시작하여 현재는 국내의 서울옥션, 케이옥션, 헤럴드 아트데이 등과 해외의 크리스티, 소더비, 마이니치 옥션 등 다양한 국내외 전문 온라인 예술품 경매 사이트가 활발히 운영되고 있다. 온라인 경매가 활발하게 이루어지는 이유는 온라인 경매 방식이 온라인의 특성과 경매의 장점을 적절히 결합한 비즈니스 모델이기 때문이다. 즉, 온라인을 이용하여 거래함으로써 시간적 공간적 제약이 해소되어 판매자와 구매자 모두에게 편리하고, 판매자는 매수인의 물색비용을 포함한 거래비용을 절감할 수 있으며, 구매자는 자신이 원하는 "다양한 종류의 물품을 쉽게 찾아내어 보다 저렴한 가격으로 구매"할 수 있기 때문이다.[504]

통상적으로 경매란 "제한된 시간과 장소에서 다수의 경쟁자 중에서 가장 유리한 거래조건을 제시하는 자와 계약을 체결하는 것"을 말한다.[505] 경매에서 구매자는 자신이 희망하는 가격으로 물품을 구매하고 판매자는 다수의 수요자 중에서 최고가를 제시하는 구매자에게 판매함으로써 정찰 가격제와 1대1의 협상에 의한 가격 결정의 단점을 극복할 수 있다. 그러나 전통적인 방식의 경매는 물품의 선정에서부터 매매의 완료까지 많은 시간과 비용이 소요되기 때문에 고가의 물건에 대해서만 제한적으로 이루어지는 형편이었다. 온라인 경매는 경매업자가 제공하는 온라인상의 경매 중개서비스를

503 Doug Lucking-Reiley, Diyg Bryan, Naghi Prasad, Daniel Reeves, *Pennies from eBay: The determinants of price in online auctions*, 55(2) Journal of Industrial Economics 223, 2-4 (2007).

504 *Ibid.*, 1.

505 이은영, 《채권각론》, 개정판(박영사, 2000), 80쪽.

이용하여 판매자와 구매자 간에 입찰과 낙찰의 방식으로 이루어지는 거래이다. 따라서 온라인 경매에서도 전통적인 경매와 같이 판매자, 구매자 및 경매인(경매업자)이 존재하는 것은 같지만, 경매가 온라인으로 이루어지기 때문에 여러 가지의 차이를 보인다.[506] 전통적인 경매에서는 모든 당사자, 즉 구매자, 판매자 및 경매업자가 동시에 지정된 장소에 모여 경매 절차에 참여하여야 하지만, 온라인 경매에서는 모두가 한 장소에 모일 필요 없이 온라인에 접속된 컴퓨터가 있는 곳이면 어디에서나 경매에 참여할 수 있으므로 지리적 제약이 없다. 전통적인 경매에서는 경매인이 경매과정에 깊이 관여하는데 대하여 온라인 경매에서는 경매업자가 온라인 사이트를 통하여 구매자와 판매자가 거래할 수 있는 장소를 제공해 주고, 그 기술적 장치를 통하여 판매자와 구매자 사이에 직접 계약이 체결된다. 전자상거래법 제2조 제4호에 의하면 통신판매중개란 사이버몰(컴퓨터 등과 정보통신설비를 이용하여 재화 등을 거래할 수 있도록 설정된 가상의 영업장을 말한다)의 "이용을 허락하거나 그 밖에 총리령으로 정하는 방법으로 거래당사자 간의 통신판매를 알선하는 행위"를 말한다고 정의하고 있다.

오프라인 경매는 시간과 장소가 정해져 있으므로 거주지나 개인사정 등의 문제로 인해 경매에 참여할 수 없는 사람이 있을 수 있다. 경매장이나 전시장이 위치한 근거지를 중심으로 경매가 진행될 수밖에 없으므로 다른 지역 사람들의 참여는 제한될 수밖에 없다. 물

506 오정숙, 〈인터넷 경매 현황과 전망〉, 《정보통신정책》(정보통신정책연구원) 제12권, 제8호(2000), 25쪽; 이병준, 〈인터넷 경매에서 당사자 사이의 법률관계〉, 《선진상사법률연구》(법무부) 제10호(2002), 174쪽.

론 서면 입찰 등으로 참여할 수 있지만, 경매의 특성상 미리 예술품을 전시할 때 작품의 실물을 본 뒤 입찰 여부를 결정하는 경우가 대부분이기 때문에 전시장에서 거리가 먼 지역 사람들의 참여는 어떤 식으로든 제한을 받을 수밖에 없다.

온라인 경매는 시간과 장소의 제약을 받지 않으므로 지리적 제약이 없어 더 많은 사람이 경매에 참여할 수 있다는 장점도 있다.[507] 이러한 사유로 인하여 때에 따라서는 재판관할권과 준거법이 문제가 될 수 있으나, 이 부분과 관련해서 여기에서는 논외로 하고 다른 전반적인 사항에 집중해서 논의하도록 한다.

1.2 저작권법과의 관계

경매의 큰 벽은 작품의 저작권과 관련된 문제라고 꼽을 수 있을 만큼 중요한데, 다행히도 우리나라 저작권법[508]에도 이와 관련하여 규정하고 있다. 미술저작물 등의 전시 또는 복제에 관한 저작권법 제35조[509]에서는 "미술저작물 등의 원본의 소유자나 그의 동의를 얻은 자는 그 저작물을 원본에 따라 전시할 수 있지만 가로·공원·건축물의 외벽 그 밖에 일반 공중에게 개방된 장소에 항시 전시하는 경우는 제외"하고 있고, 이러한 "개방된 장소에 항시 전시된 미술저작물 등은 건축물을 건축물로 복제하는 경우, 판매의 목적으로 복제하는 경우, 조각 또는 회화를 조각 또는 회화로 복제하는 경우, 개방된

507 남윤오, 앞의 논문, 49쪽.

508 저작권법[시행 2019. 4. 17.] [법률 제15823호, 2018. 10. 16., 일부개정].

509 저작권법 제35조(미술저작물 등의 전시 또는 복제).

장소 등에 항시 전시하기 위하여 복제하는 경우를 제외"하고는 어떠한 방법으로든지 이를 복제하여 이용할 수 있다. 전시하는 자 또는 미술저작물 등의 원본을 판매하고자 하는 자는 "그 저작물의 해설이나 소개를 목적으로 하는 목록 형태의 책자에 이를 복제하여 배포할 수 있으나 위탁에 의한 초상화 또는 이와 유사한 사진저작물의 경우에는 위탁자의 동의가 없는 때에는 이를 이용할 수 없는 점"은 유의해야 한다.

아울러 저작물의 공정한 이용에 관한 저작권법 제35조의5[510]에서는 "저작물의 통상적인 이용 방법과 충돌하지 아니하고 저작자의 정당한 이익을 부당하게 해치지 아니할 때에는 이용의 목적 및 성격, 저작물의 종류 및 용도, 이용된 부분이 저작물 전체에서 차지하는 비중과 그 중요성, 저작물의 이용이 그 저작물의 현재 시장 또는 가치나 잠재적인 시장 또는 가치에 미치는 영향 등을 종합적으로 고려"하여 저작물을 이용할 수 있도록 규정하고 있다.

경매의 경우 온·오프라인 공통으로 판매 목적 복제에 해당하고 거래를 목적으로 하는 작품의 경우 작품과 작가의 정보를 공개하는 것, 즉 도록을 만들어 작품의 이미지와 정보를 제공하는 것이 기본 업무의 절차로 봐야 한다. 나아가 오프라인의 도록 제작과 예고 전시 홍보물에 해당하는 역할을 온라인 경매에서는 경매 사이트에 업로드된 이미지와 이메일 혹은 모바일 메신저로 전송된 전자문서 형태의 안내 이미지 등이 도록의 임무를 수행하는 것으로 간주해야 할 것이다. 물론 저작권법 제37조[511]에 따른 출처의 표시는 잊지 말아야 한다.

510 저작권법 제35조의5(저작물의 공정한 이용).

511 저작권법 제37조(출처의 명시).

2 온라인 경매업자의 의의와 기능

2.1 개설

온라인 경매에서도 전통적인 경매의 경우와 같이 원칙적으로 경매업자, 구매자, 판매자의 세 당사자가 존재한다. 그러나 온라인 경매업자는 전통적인 경매인의 경우와 달리 일반적으로 정해진 경매기간이 끝나면 자동화된 경매 장치를 통하여 낙찰이 이루어지는 방식으로 예술품의 경매를 진행한다. 경매의 진행방식만 온라인으로 옮겨놓았을 뿐 기본적인 업무절차와 진행방식은 오프라인 경매와 같은바, 중복되는 부분인 예술품 경매회사의 기본적인 법적 지위에 관한 내용은 제3장 3 '경매회사의 역할과 법적 지위'에 상술되어 있는 상법상 위탁매매인에 관한 정리로 갈음하고 이하에서는 온라인 경매업자만의 특수한 의무에 대해 다루고자 한다.

2.2 온라인 경매업자의 특수한 의무

온라인 경매업자는 온라인 경매의 특성상 오프라인 경매와는 다른 의무를 부담한다.

온라인 경매업자는 자신이 운영하는 온라인상의 경매 사이트를 통하여 판매자와 구매자 사이에 경쟁에 의한 계약이 쉽게 체결되도록 조력하는 자이다. 따라서 온라인 경매업자는 온라인 경매 사이트에서 타인 간의 거래가 입찰과 낙찰의 방식에 의하여 경쟁매매계약이 쉽게 성립되도록 거래의 매개역할을 하고 필요한 주요 사항을 제공한다. 전자상거래법 제2조 제4호[512]에 의하면 사이버몰의 이용을 허락함으로써 거래당사자 간의 통신판매를 알선하는 행위를 '통신판매중개'라고 정의하고 있는바, 온라인 경매업자는 통신판매 중개인에 해당한다고 볼 수 있다.

전자상거래법 제6조[513]에서 "사업자는 전자상거래 및 통신판매에서의 표시·광고, 계약내용 및 그 이행 등 거래에 관한 기록을 상당한 기간 보존하여야 하고 소비자가 쉽게 거래기록을 열람·보존할 방법을 제공"하여야 하며 이 경우 사업자가 보존하여야 할 거래기록 및 그와 관련된 개인정보(성명·주소·전자우편주소 등 거래의 주체를 식별할 수 있는 정보로 한정한다)는 소비자가 개인정보의 이용에 관한 동의를 철회해도 〈정보통신망 이용촉진 및 정보보호 등에 관한 법률〉[514](이하 '정보통신망법'이라 한다) 등 대통령령으로 정하는 개인정보보호와 관련된 법률의 규정에도 불구하고 이를 보존할 수 있도록 하는 점은 주의해야 한다.

중요한 점은, 전자상거래법 제20조[515]에서 통신판매 중개를 하는 자(통신판매중개자)는 자신이 통신판매의 당사자가 아니라는 사실을 소비자가 쉽게 알 수 있도록 총리령으로 정하는 방법으로 미리 알리도록 하고 있다. 제20조의2[516]에서 이러한 고지를 하지 아니한 경우 통신판매중개의뢰자의 고의 또는 과실로 소비자에게 발생한 재산

512 전자상거래법 제2조(정의).

513 전자상거래법 제6조(거래기록의 보존 등).

514 정보통신망 이용촉진 및 정보보호 등에 관한 법률[시행 2019. 6. 25.] [법률 제16021호, 2018. 12. 24., 일부개정] .

515 전자상거래법 제20조(통신판매중개자의 의무와 책임).

516 전자상거래법 제20조의2(통신판매중개자 및 통신판매중개의뢰자의 책임).

상 손해에 대하여 통신판매중개의뢰자와 연대하여 배상할 책임을 지는데, 통신판매업자인 통신판매중개자는 "통신판매업자의 책임"을 면하지 못하고 다만, "통신판매업자의 의뢰를 받아 통신판매를 중개하는 경우 통신판매중개의뢰자가 책임을 지는 것으로 약정하여 소비자에게 알린 부분에 대하여는 통신판매중개의뢰자가 책임"을 지도록 하는 점을 유의해야 한다.

3 약관의 명시·교부·설명의무

3.1 약관규제법의 적용

온라인 경매에 판매자 또는 구매자로 참가하기 위해서는 온라인 경매 사이트의 회원으로 가입을 하여야 한다. 회원이 되려면 보통 경매업자에 의하여 미리 작성된 전자기록 형태의 경매이용약관에 동의함으로써 경매서비스이용 계약을 체결하여야 한다. 이때 온라인 경매업자는 약관규제법의 사업자로서 약관의 명시의무 및 설명의무를 부담한다. 그런데 일반적인 약관은 서면의 형식으로 작성되어 명시, 교부되는 데 대하여 온라인 경매이용약관은 전자적 기록의 출력방식에 의하여 제시된다. 즉, 온라인 경매이용약관은 그 성질과 내용 면에서는 오프라인 경매약관과 같은 성격이지만, 보통 경매업자의 사이트에 게시되어 회원으로 가입하려는 사람이 모니터를 이용하여 이를 확인하게 된다. 따라서 온라인 경매이용약관은 그 명시와 설명의 방법상 일반적인 약관과 달리 취급하여야 할 필요가

있다.[517]

3.2 온라인 사업자의 각종 의무

1) 약관규제법상의 의무

온라인 경매업자는 약관규제법에 따라 경매이용약관을 명시하고 이용자가 요구할 때에는 약관의 사본을 교부 및 설명하여야 한다.[518] 온라인 경매업자(전자상거래를 하는 사이버몰의 운영자)는 "상호 및 대표자 성명, 영업소가 있는 곳의 주소, 전화번호·전자우편주소, 사업자등록번호"를 소비자가 알아보기 쉽도록 온라인 경매 사이트(사이버몰)의 초기 화면에 표시하여야 하고,[519] 이용약관은 "소비자가 연결 화면을 통하여 볼 수 있도록" 할 수 있으며,[520] 실무상으로는 제공된 약관내용을 끝까지 읽고 회원가입 화면상의 동의란에 클릭하지 않으면 회원가입 절차가 완료되지 않도록 되어있다. 이러한 방식으로 전자문서로 저장 및 표시되어야 하는 온라인 약관의 특수성을 고려하여 실무상 PC[521] 혹은 모바일 장비[522]의 화면상에서 확인이 쉽도록 기술적으로 구현하는 것, 혹은 전자 메일을 통하여 전자 문서화된 약관의 사본을 교부하는 것도 약관규제법상의 교부 및 설명에 갈

517 최경진,《전자상거래와 법》(현실과미래, 1998), 197쪽.

518 약관규제법 제3조(약관의 작성 및 설명의무 등).

519 전자상거래법 제10조(사이버몰의 운영).

520 전자상거래법 시행규칙 제7조(사이버몰 운영자의 표시방법).

521 개인용 컴퓨터(personal computer, 약칭 PC).

522 휴대용 태블릿 PC(아이패드, 갤럭시 패드 등), 스마트 폰 기타 휴대 가능한 이동식 소형 전자장비로서 인터넷에 접속 및 각종 프로그램의 구현이 가능한 것의 통칭.

음하여 인정된다고 해석해야 한다.

2) 전자상거래법상의 의무

온라인 경매 사이트 운영자는 전자상거래법상 통신판매의 중개인에 해당하고 통신판매중개자의 책임에 관한 동법 제20조[523]의 규정이 적용되는바, 온라인 경매 사이트 운영자(통신판매 중개를 하는 자)는 "자신이 통신판매의 당사자가 아니고 단지 중개자라는 사실"을 소비자가 쉽게 알 수 있도록 약관 등을 통해 미리 알려야 한다. 만약 고지를 하지 아니한 경우 예술품 판매의 위탁자(통신판매 중개의뢰자)의 고의 나 과실로 인해 소비자에게 발생한 재산상 손해에 대해 위탁자(통신판매 중개의뢰자)와 연대하여 배상할 책임을 진다.[524]

3.3 법률위반의 효과

1) 약관규제법

약관규제법은 제6장[525]에서 각종 벌칙과 과태료를 규정하고 있다.

제32조[526]에서는 불공정 약관의 사용을 금지하는 제17조[527]를 위반한 사업자에 대한 시정조치[528]에 불응하는 경우 2년 이하의 징역 또는 1억 원 이하의 벌금에 처하고 있다. 나아가, 법인의 대표자나

523 전자상거래법 제20조(통신판매중개자의 의무와 책임).

524 전자상거래법 제20조의2(통신판매중개자 및 통신판매중개의뢰자의 책임).

525 약관규제법 제6장 벌칙.

526 약관규제법 제32조(벌칙).

527 약관규제법 제17조(불공정약관조항의 사용금지).

528 약관규제법 제17조의2(시정조치).

법인 또는 개인의 대리인, 사용인, 그 밖의 종업원이 그 법인 또는 개인의 업무에 관하여 이러한 불공정 약관 사용금지에 대한 위반행위를 하면 그 행위자를 벌하는 외에 그 법인 또는 개인에게도 해당 조문 상의 벌금형을 부과하는 양벌규정[529]도 명시되어 있다.

그 외 표준약관과 다른 내용을 약관으로 사용하면서 표준약관 표지를 사용하는 경우 및 사업자 또는 사업자단체와 이해관계자가 공정위의 조사를 거부·방해 또는 기피하는 경우(5천만 원 이하의 과태료), 약관의 내용을 밝히지 아니하거나 그 약관의 사본을 내주지 아니한 경우, 사본을 내주지 아니한 경우, 표준약관과 다르게 정한 주요 내용을 고객이 알기 쉽게 표시하지 아니한 경우(500만 원 이하의 과태료)에 대한 과태료 부과에 관한 내용이 규정되어 있다.[530]

2) 전자상거래법

전자상거래법은 제5장[531] 제34조[532]와 제7장[533]에 시정조치와 과징금 및 벌칙에 관해 규정하고 있다.

공정거래위원회는 시정조치일 이후 3년 이내에 같은 위반행위가 한 번 이상 반복되는 경우[534] 1년 이내의 기간을 정하여 그 영업의 전부 또는 일부의 정지를 명할 수 있도록 하고 있는데, 이러한 영업정지 등의 처분으로 인하여 오히려 소비자 등에게 심한 불편을 줄 우

529 약관규제법 제33조(양벌규정).
530 약관규제법 제34조(과태료).
531 전자상거래법 제5장 시정조치 및 과징금 부과.
532 전자상거래법 제34조(과징금).
533 전자상거래법 제7장 벌칙.
534 전자상거래법 시행령 제34조(영업의 정지).

려가 있다고 인정하는 경우에는 그 영업의 전부 또는 일부의 정지를 갈음하여 해당 사업자에게 대통령령[535]으로 정하는 위반행위 관련 매출액을 초과하지 아니하는 범위에서 과징금을 부과하도록 하고 만일 관련 매출액이 없거나 그 매출액을 산정할 수 없는 경우 등에는 5천만 원을 초과하지 아니하는 범위에서 과징금을 부과할 수 있다고 규정하고 있다.

아울러 제6장 보칙[536] 제35조에서는 소비자에게 불리한 계약을 금지하고 있는데, 청약철회에 관한 제17조,[537] 청약철회 등의 효과에 관한 제18조,[538] 손해배상 청구 금액 등의 제한에 관한 제19조[539]에서 금지하는 사항들을 위반하여 소비자에게 불리한 약정의 내용은 효력이 없다고 규정하고 있다.[540]

제7장[541]에서는 주요 벌칙을 명시하고 있다. 공정위의 조사 시 폭언·폭행, 고의적인 현장진입 저지·지연 등을 통하여 조사를 거부·방해 또는 기피한 자, 시정조치 명령에 따르지 아니한 자, 영업의 정지 명령을 위반하여 영업을 계속한 자는 3년 이하의 징역 또는 1억 원 이하의 벌금에 처하고 있다.[542] 통신판매업자의 신고 등과 관련하여 신고하지 아니하거나 거짓으로 신고한 자, 소비자피해보상보험

535 전자상거래법 시행령 제38조(과징금 부과를 위한 위반행위 관련 매출액 산정 등).

536 전자상거래법 제6장 보칙.

537 전자상거래법 제17조(청약철회등).

538 전자상거래법 제18조(청약철회등의 효과).

539 전자상거래법 제19조(손해배상청구금액의 제한 등).

540 전자상거래법 제35조(소비자에게 불리한 계약의 금지).

541 전자상거래법 제7장 벌칙.

542 전자상거래법 제40조(벌칙).

계약 등을 체결하지 아니한 사업자는 그 표지를 사용하거나 이와 유사한 표지를 제작 또는 사용을 금하고 있는 제24조[543] 제8항과 제9항을 위반하여 소비자피해보상보험계약 등을 체결하는 사실 또는 결제대금예치를 이용하도록 하는 사실을 나타내는 표지를 사용하거나 이와 유사한 표지를 제작하거나 사용한 자는 3천만 원 이하의 벌금에 처하고 있다.[544]

나아가, 양벌규정에 의해 법인의 대표자나 법인 또는 개인의 대리인, 사용인, 그 밖의 종업원이 그 법인 또는 개인의 업무에 관하여 앞서 언급한 위반행위를 하면 그 행위자를 벌하는 외에 그 법인 또는 개인에게도 해당 조문의 벌금형을 부과한다. 다만, 법인 또는 개인이 그 위반행위를 방지하기 위하여 해당 업무에 관하여 상당한 주의와 감독을 게을리하지 아니한 경우에는 예외로 하고 있다.[545]

과태료와 관련해서는 제4조에서 규정하고 있으며, 임시 중지 명령을 위반하여 영업을 계속한 자에게는 1억 원 이하의 과태료를 부과한다.[546] 그 외에 전자게시판 서비스 제공자의 책임과 관련하여 소비자피해방지를 위한 사항을 이행하지 아니한 자, 결제수단의 발행자로서 소비자피해보상보험계약 등을 체결하지 아니한 자, 결제수단의 발행자로서 거짓 자료를 제출하고 소비자피해보상보험계약 등을 체결한 자, 선지급식 통신판매업자로서 거짓 자료를 제출하고 소비자피해보상보험계약 등을 체결한 자는 천만 원 이하의 과태료

543 전자상거래법 제24조(소비자피해보상보험계약등).

544 전자상거래법 제43조(벌칙).

545 전자상거래법 제44조(양벌규정).

546 전자상거래법 제45조(과태료).

를 부과하는 등, 사업자의 일탈 행위에 대해 엄중한 처벌이 규정되어 있다.

다만, 제5장의 시정조치 위반에 의한 제34조의 과징금이 이미 부과된 경우 제7장 벌칙에서 규정하는 제45조 상의 과태료와 이중으로 부과하지는 않도록 특례규정이 있는 점은 유의해야 한다.[547]

3.4 온라인 예술경매약관 검토

이하의 내용은 우리나라 대표 온라인 예술품 경매회사인 헤럴드아트데이의 온라인 경매약관내용이다. 헤럴드아트데이의 약관은 총칙에 관한 제1장 이하 9개 조항, 회원 정보의 보호에 관한 제2장 이하 3개 조항, 경매 서비스의 이용에 관한 제3장 이하 6개 조항, 면책조항 등에 관한 제4장 이하 3개 조항으로 구성된 총 21개 항으로 구성된 약관이다.

주요 내용으로는 제1장 총칙 제3조[548]에서 서비스를 이용하고자 하는 자와 회원이 약관에 대해 알 수 있도록 서비스가 제공되는 인터넷 사이트[549] 화면에 게시하도록 약관의 명시에 관해 규정하고 있다. 약관을 개정하는 경우에는 개정된 약관의 적용 일자 및 개정 사유를 명시하며 그 적용 일자 7일 이전부터 적용 일자 전날까지 약관의 공지와 같은 방법으로 공지토록 하고, 회원에게 불리하게 약관내용을 변경하는 경우에는 최소한 30일 이상의 사전 유예 기간을 두

547 전자상거래법 제46조(과태료에 관한 규정 적용의 특례).

548 헤럴드아트데이옥션 이용약관 제3조(약관의 명시, 효력 및 변경).

549 헤럴드아트데이 홈페이지, http://www.artday.co.kr(최종방문 2020. 12. 26.).

고 개정 전 내용과 개정 후 내용을 명확하게 비교하여 회원이 알기 쉽도록 표시하여 공지하도록 약관의 변경에 관해 명시하고 있다. 관련 법령과의 관계에 대한 제4조[550]에서는 약관 또는 개별약관에서 정하지 않은 사항은 관련 법령의 규정과 일반적인 상관례에 의하고 회원은 서비스를 이용하면서 관련 법령을 준수하여야 하며, 이 약관의 규정을 들어 관련 법령 위반에 대한 면책을 주장할 수 없음을 명확히 하고 있는데, 여기에 기재한 관련 법령들의 경우도 관계가 없거나 현행법명과 다르게 표시가 되는 등 전반적으로 약관의 재검토가 필요해 보인다.

경매 서비스의 제공에 관한 제5조[551]에서는 경매 서비스는 회원 각자의 자기 결정에 의하여 물품매매가 이루어질 수 있도록 단순히 사이버 거래장소를 온라인으로 제공하는 것이라고 경매회사의 역할에 관해 명시하고 있다. 이는 전자상거래법 제20조[552]에서 통신판매 중개를 하는 자(이하 '통신판매중개자'라 한다)는 자신이 통신판매의 당사자가 아니라는 사실을 소비자가 쉽게 알 수 있도록 총리령[553]으로 정하는 방법으로 미리 알리도록 규정한 바에 따른 것으로 보이는데, 여기서 말하는 총리령으로 정하는 방법이란 통신판매중개자가 운영하는 사이트의 초기 화면에 알리는 한편, 약관이나 계약서 등에 추가로 알리는 것으로서 엄밀히 말하면 전자상거래법 및 전자상거래법 시행규칙에서 규정한 방법과는 차이가 있다. 나아가 그 표현

550 헤럴드아트데이옥션 이용약관 제1장 제4조(관련 법령과의 관계).

551 헤럴드아트데이옥션 이용약관 제1장 제5조(경매 서비스의 제공).

552 전자상거래법 제20조(통신판매중개자의 의무와 책임).

553 전자상거래법 시행규칙 제11조의2(통신판매 당사자가 아니라는 사실의 고지 방법).

방식도 "회원 각자의 자기 결정에 의하여 물품매매가 이루어질 수 있도록 사이버 거래장소를 온라인으로 제공하는 것"이라는 극히 간접적이고 피상적인 표현으로서 애매한 문구에 대해 더욱 명확하고 직접적으로 개정해야 한다.

이용신청에 관한 제7조[554]에서는 서비스를 이용하고자 하는 자는 가입신청서에 성명, 주민등록번호 또는 휴대전화 인증, 주소, 전화번호, 이메일 주소, 아이디(ID), 비밀번호(Password), 성별, 관심 분야, 직업을 기재하도록 하고 있다. 정보통신망법 제23조의2[555]에서는 본인확인 기관으로 지정받은 경우, 법령에서 이용자의 주민등록번호 수집·이용을 허용하는 경우, 영업상 목적을 위하여 이용자의 주민등록번호 수집·이용이 불가피한 정보통신서비스 제공자로서 방송통신위원회가 고시하는 경우를 제외하고는 원칙적으로 주민등록번호의 수집을 금지하고 있는바, 해당 조항은 문제가 될 소지가 있다고 판단된다.

한편 보증과 관련해서는 제3장 경매 서비스의 이용 이하 제6조[556]에서 다루고 있는데, 온라인 경매 서비스 화면에 게재된 각 물품에 대하여 약관에 열거된 항목과 조건으로만 보증하고 있다. 경매 종료 후 구매자가 원하면 보증 한도 내에서 보증서를 발행하고 보증내용은 화면에 굵게 표기된 사항에 대하여만 보증하며 화면에 표기된 물품에 대해 굵게 표기된 사항 이외의 보조 설명 또는 회사 임직원이 말 또는 글로 표현한 내용은 변경될 수 있는 것으로서 하나의 참고

554 헤럴드아트데이옥션 이용약관 제1장 제7조(이용신청).

555 정보통신망법 제23조의2(주민등록번호의 사용 제한).

556 헤럴드아트데이옥션 이용약관 제2장 제6조(보증).

자료일 뿐 보증의 내용은 아닌 점을 명확히 하고 있다. 그 외에 보증내용의 양도 책임 한계와 관련하여, 보증내용은 3년의 보증기한 내에 한하여 최초 구매자 및 차후 물품에 대한 권리를 취득한 소유자(상속인 또는 2차 구매자)에게도 적용되나 보증과 관련한 책임은 어떤 상황에서도 낙찰자 또는 구매자가 실제로 지급한 금액을 초과하지 않음(책임제한)을 명시하고 있다. 이 부분은 불공정 약관에 대한 약관규제법 제6조[557]에서 신의성실의 원칙을 위반하여 공정성을 잃은 약관조항은 무효로 규정하는 점, 제7조[558]에서 계약 당사자의 책임에 관하여 무효로 규정하고 있는 약관의 내용 중 사업자, 이행보조자 또는 피고용자의 고의 또는 중대한 과실로 인한 법률상의 책임을 배제하는 조항, 상당한 이유 없이 사업자의 손해배상 범위를 제한하거나 사업자가 부담하여야 할 위험을 고객에게 떠넘기는 조항, 상당한 이유 없이 사업자의 손해배상 범위를 제한하거나 사업자가 부담하여야 할 위험을 고객에게 떠넘기는 조항, 상당한 이유 없이 사업자의 담보책임을 배제 또는 제한하거나 그 담보책임에 따르는 고객의 권리행사 요건을 가중하는 조항, 상당한 이유 없이 계약목적물에 관하여 견본이 제시되거나 품질·성능 등에 관한 표시가 있는 경우 그 보장된 내용에 대한 책임을 배제 또는 제한하는 조항 모두에 해당할 소지가 농후하다. 온라인 경매라고 하지만 경매회사가 정한 기간 동안 특정 장소에서 경매 물품에 대해 실물을 전시하고 고객에게 이를 직접 살펴보게 하는 행위는 견본의 제시로 봐야 하며, 경매회사 직원이 작품을 손님에게 설명하는 과정상 중대한 오류나 과실을

557 약관규제법 제6조(일반원칙).

558 약관규제법 제7조(면책조항의 금지).

범하여 판매가 이루어진 경우까지 경매회사와 직원의 책임을 제한하는 것은 약관규제법상의 불공정 약관에 해당하여 시정이 필요하다고 생각한다.

면책조항 및 준거법 관련 사항은 제4장 면책조항 등 이하 제1조[559] 당사의 면책에서 다루고 있다. 회사는 천재지변 또는 이에 준하는 불가항력, 현재의 합리적인 기술 수준에 근거해서는 해결이 어려운 기술적 문제로서 정보통신설비의 보수점검, 교체 또는 고장, 통신의 두절 등 부득이한 사유로 인하여 일시적 또는 종국적으로 서비스를 제공할 수 없는 경우, 인터넷 이용자 또는 회원의 귀책사유로 인한 서비스 이용에 장애가 발생할 경우, 책임지지 않으며 경매서비스를 통하여 거래되는 물품의 하자, 물품등록정보의 오류, 마비 등으로 인하여 회원이 입는 손해에 대해서는 회사의 귀책사유에 근거한 것임이 입증되지 않는 한 해당 손해에 대한 책임을 지지 않음을 명시하고 있다. 제2조[560] 준거법 및 관할법원에서는 약관에 의한 회사와 회원 간의 서비스 이용계약, 회원 상호 간의 물품 거래에 관해서는 대한민국 법령이 적용되며, 회사와 회원 간에 발생한 분쟁에 대해 소송이 제기되면 그 관할법원은 상호 합의하여 정하되 합의가 이루어지지 않을 때에는 민사소송법 등 관련 법령에서 규정한 바에 따라 결정하도록 정하고 있다.

약관규제법은 제1조에서 적시하고 있는 바와 같이 사업자가 그 거래상의 지위를 남용하여 불공정한 내용의 약관(約款)을 작성하여 거래에 사용하는 것을 방지하고 불공정한 내용의 약관을 규제함으

559 헤럴드아트데이옥션 이용약관 제4장 제1조(당사의 면책).

560 헤럴드아트데이옥션 이용약관 제4장 제2조(준거법 및 관할법원).

로써 건전한 거래질서를 확립하고 이를 통하여 소비자를 보호하고 국민 생활을 균형 있게 향상하는 것을 목적으로 하고 있고, 전자상거래법은 제1조(목적)[561]에서 전자상거래 및 통신판매 등에 의한 재화 또는 용역의 공정한 거래에 관한 사항을 규정함으로써 소비자의 권익을 보호하고 시장의 신뢰도를 높여 국민경제의 건전한 발전에 이바지함을 목적으로 한다고 밝히고 있으며, 정보통신망법은 제1조(목적)[562]에서 정보통신망의 이용을 촉진하고 정보통신서비스를 이용하는 자의 개인정보를 보호함과 아울러 정보통신망을 건전하고 안전하게 이용할 수 있는 환경을 조성하여 국민 생활의 향상과 공공복리의 증진에 이바지함을 목적으로 규정하고 있다. 이러한 기본 취지에 입각해서 약관을 재구성한다면 훌륭한 결과물이 나올 것으로 판단된다.

561 전자상거래법 제1조(목적).

562 정보통신망법 제1조(목적).

제6장

종합정리

서론에서 연구의 목적과 의의에 대해 밝힌 바와 같이 오늘날 일반인들에게 경매라는 시스템은 낯설지 않다. 특히 온라인 경매는 대중적인 전자상거래로 최근에는 그 영역이 확대되면서 부동산 경매도 일반인들에게 널리 개방되어 가고 있다. 예술품 경매는 일반적인 경매와 비슷한 틀을 가지고 있지만, 일반적인 경매의 영역과는 다소 다른 부담스러운 부분이 존재한다. 오늘날 문화예술에 대한 대중의 관심이 높아지고 예술품의 거래가 활성화되면서 예술품의 국제거래도 증가하는 현상과 맞물려서 미술전문가(art expert, art specialist)라고 일컬어지는 전문가들이 생겨나고, 전문 예술품 경매회사, 갤러리, 감정인 등의 역할이 확대되면서 예술품의 국제거래에 대한 법적 논의가 활발해지고 있다. 특히 전문 예술품 경매회사는 오늘날 거대한 자본과 네트워크를 바탕으로 예술품 유통시장에서 자유경쟁에 의한 시장가격을 형성해 나가고 공신력 있는 감정을 제공하는 중요한 역할을 하고 있다. 그동안의 예술품 경매는 주로 고가의 유명 해외 작품들을 위주로 하였기 때문에 일반인의 접근은 부담스러웠다. 하지만 온라인 경매는 상대적으로 다양한 대중들이 쉽게 접근할 수 있는 특징을 가지고 있다. 우리나라의 대표적인 예술품 경매회사들도 해외 메이저 예술품 경매회사들과의 직접 경쟁으로 인해 해외 현지에서 경매 진행을 하거나 외국 컬렉터들이 국내에서 진행되는 경매에 대한 참여가 증가하는 등의 세계화 추세에 의해 자연스레 우리나라 경매회사들이 진행하는 경매들도 해외 국제 경매에 준하여 진행되기에 이르렀다. 최근에는 코로나바이러스 감염증-190(COVID-19)라는 세계적인 특수 상황에서 예술품을 포함한 모든 객체에 대한 비접촉, 비대면 거래가 폭등하게 되었으며 예술품이 특수계층만을 위한 취미라기보다는 다양한 가격대로 편하게 접근할 수 있는 일종의 대중적 사치재로 변모하고 있음은 명확하다.

수 년간의 관련 업무 실무 진행을 하는 과정상 경험하게 된 여러 사항들이 전문적이고 체계적인 탐구의 계기가 되었으며, 예술품 경매에 대한 참여와 관심이 고조되는 이러한 상황에 예술품 경매라는 특수 분야에 관해 연구하고 경매시장의 역사와 현황을 알아보는 기회로 삼고자 경매 진행상 나타나는 주요 당사자들의 책임과 경매 절차에 수반되는 법률에 대해 전반적으로 살펴보았다.

다시 되짚어보면, 제2장에서는 예술품의 온·오프라인의 예술품 시장과 전문 예술품 경매회사를 포함한 예술품 유통시장 구조의 분석을 통해 예술시장 전반적인 현황을 정리하고, 국내외 예술품 경매의 개념 및 현황, 역사, 그리고 특징 등은 물론 감정 문제, 위작 문제, 공서 문제를 포함한 예술품 경매시장과 그 주요 논점들에 대해 살펴보았다. 때에 따라서는 예술품 경매의 낙찰 결과에 따라 비정상적으로 불공정한 경우 공서의 문제도 고민해 볼 여지가 있을 것이다. 통상적으로 공서와 관련하여 문제가 되는 경우는 인륜에 반하거나 정의에 반하는 경우, 사회의 지탄을 받을 만한 경우, 비윤리적인 경우, 비정상적으로 폭리를 취하는 경우, 미풍양속에 반하는 경우, 사행성을 조장하는 경우 등 정도일 것인데, 경매에 있어서 특히 문제가 될 수 있는 영역은 경매대상의 예술작품의 낙찰가격 결정과 직접 관련성을 가진 폭리행위 영역일 것이다. 우리 민법 제104조는 "당사자의 궁박, 경솔 또는 무경험으로 인하여 현저하게 공정을 잃은 법률행위"는 무효로 하고 있다. 따라서 경매에 참여하는 입찰자 혹은 위탁자가 경매 절차에 익숙하지 않거나 절박한 상황이어서 정상적인 판단을 할 상황이 아니었던 경우 공서의 문제가 생길 수 있는데, 전문 예술품 경매회사라고 하는 해당 분야의 전문가에 비교해 정보력과 경험이 현저히 차이가 날 수밖에 없는 전문정보의 극심한 비대칭성이 존재하는 특이한 상황을 생각하여 본다면 공서의 문제도 충분히 논의의 여지가 있다고 판단된다.

제3장에서는 국내외의 공통적인 경매 절차를 시작으로 위탁자, 경매회사, 낙찰자 등 예술품 경매 절차에 관계된 당사자의 개념, 예술품 경매 절차 진행 과정상 약관상의 역할, 실무상의 역할 등 각각의 법적 지위와 전문감정인의 역할에 대해 정리한 후, 미국, 영국, 홍콩, 프랑스 등 예술품 경매가 활발히 이루어지는 주요 국가들의 예술품 경매 관련 법규들을 중심으로 예술품 경매의 절차 및 당사자의 법적 지위와 준거법 문제에 대해 정리해 보았다. 예술품 경매업무의 실무상 진행되는 관행 및 행위 태양과 예술품 경매회사들의 약관 사이에 현실적인 괴리가 있음을 알 수 있었으며, 약관규제법 및 실무

관행 모두를 고려하여 조속히 경매약관의 개정이 이루어져야 한다고 생각한다.

제4장에서는 영미법상의 매수인 위험부담원칙을 포함한 매수인의 의무 및 형사책임을 시작으로 대리인의 신인 의무, 쌍방대리 가능 여부, 무과실책임 이론과 전문가 책임이론의 적용 가능 여부 등 이른바 영미법상의 수정된 책임 원리를 짚어보고, 약관과 관련하여 우리나라의 주요 부분 표시 의무, 명시 및 설명 의무, 미국과 영국의 편입통제, 해석통제, 불공정성 통제 등 국내외 주요 규제사항도 정리해 보았다. 또한 우리나라 케이옥션과 일본 마이니치 옥션 등 주요 전문 예술품 경매회사에서 사용 중인 경매약관의 주요 내용 및 하자담보책임, 보증의 범위, 예술품 거래상의 하자 개념과 범위, 국제물품매매계약에 관한 UN 협약(CISG) 적용 여부 등 예술품 경매거래상 담보책임에 대해 고찰해 보고 미국통일상법전(U.C.C.), 뉴욕예술법(ACA)상의 담보책임(보상) 조항, 예술에 관한 미국 각 주의 법률, 소비자제품보증법(맥너슨-모스법) 등 미국의 보증 관련 법률, 박물관 종합보험, 이행보증보험, 화재보험, 적하보험, 재산보험, 도난보험, 보험가액 불변경주의 등 예술품 경매에 수반되는 각종 관련 보험과 그 논점, 각종 의무위반 등 예술품 경매상 예견되는 주요 불법행위 책임 등 예술품 경매의 주요 책임원칙에 대해 체계적으로 분석해 보았다. 약관규제법은 제1조(목적)에서 적시하고 있는 바와 같이 "사업자가 그 거래상의 지위를 남용하여 불공정한 내용의 약관(約款)을 작성하여 거래에 사용하는 것을 방지하고 불공정한 내용의 약관을 규제함으로써 건전한 거래질서를 확립하고 이를 통하여 소비자를 보호하고 국민 생활을 균형 있게 향상하는 것"을 목적으로

하고 있고, 이러한 약관규제에 관한 법률의 훌륭한 기본 도입 취지에 따라서 주요 예술품 경매회사들이 사용 중인 약관을 재구성한다면 거래 안전성과 고객의 정당한 권리 보호라는 두 마리 토끼를 잡을 수 있는 훌륭한 결과물이 나올 것으로 확신한다.

제5장에서는 온·오프라인 경매의 비교와 저작권 관련 논점을 시작으로 온라인 예술품 경매 절차 진행 과정상 온라인 경매업자의 특수한 의무에 대해 살펴본 후 약관의 명시의무와 교부의무, 설명의무, 이용자의 개인정보 보호 의무 등 온라인 사업자의 각종 의무, 약관규제법, 전자거래법, 정보통신망법 등 주요 강행법규 위반에 대한 효과 및 온라인 예술품 경매약관의 체계적인 검토를 통하여 온라인 예술품 경매와 관련된 특수한 법률문제들에 대해 자세히 정리해 보았다.

이상과 같이 해외 주요 선진국과 우리나라의 예술품 경매 및 관련 현황을 비교분석 해본 결과, 예술품 거래 혹은 경매를 위한 특별법의 존재 여부 정도를 제외하면 사실상 전반적으로 큰 차이는 없고 전체 거래 규모와 빈도를 고려해 볼 때 지금까지는 현행법 체계하에서 시도 가능한 최선의 방법으로 운영되어 왔다고 판단된다. 또한 자유 경제 체제하에서 사인 간의 계약인 매매제도와 그 매매제도의 일종인 경매 제도까지 세부적인 제한을 두는 것이 창작의 산물인 예술품을 대상으로 하는 경매 제도를 위해 발전적인가에 대해서는 다양한 의견이 있을 것이다. 하지만 분명한 것은 세계화 시대를 맞이하여 예술품의 국제거래 및 예술품 경매 빈도가 급속도로 증가한 현 상황에서 해외 선진 거래 시스템 및 자본력과의 직접 경쟁으로부터 우리의 문화예술시장 보호를 위한 정부 차원의 노력이 절실하다는 것이다. 나아가 우리나라 문화예술의 세계적인 지위와 관심도가 높아지고 있고 국내 예술품 거래 규모와 빈도가 급속히 증가하는 추세를 감안하여 정부 차원에서 문화예술 분야의 자격증 제도, 예술품 경매 분야의 표준약관 제정, 예술품의 진위감정과 가치평가에 대한 체계적인 전문가 육성, 그리고 예술품 경매를 포함한 예술품 거래의 거래를 규율하는 문화예술 특별법(art law,아트로) 도입이 실현된다면, 우리의 예술시장 관련 제도들도 국제적인 표준으로 충분히 자리매김할 수도 있다고 생각한다.

참고 문헌

I. 국내 문헌

1. 단행본

강서구.《미국법의 이해》. 체크박스 한메소프트, 2015.

경희대학교 문화예술경영연구소.《문화예술경영—이론과 실제》. 생각의나무, 2002.

공정거래위원회.《약관규제의 실제》. 공정거래위원회, 2008.

곽윤직.《민법주해》. 박영사, 2005.

_____.《채권각론》. 제6판. 박영사, 2017.

김성천.《품질보증법제 비교연구》. 한국소비자원, 2009.

김영애.《(예술의 모든 순간에 존재하는) 갤러리스트》. 마로니에북스, 2018.

김 캐슬린.《예술법》. 학고재, 2013.

남궁술 외.《유럽의 문화법제에 관한 비교법적 연구》. 한국법제연구원, 2008.

도시, 피로시카.《이 그림은 왜 비쌀까?》. 김정근·조이한 역. 웅진씽크빅 웅진지식하우스, 2007.

명순구.《미국계약법입문》. 제2판. 파주: 법문사, 2008.

미국변호사협회.《미국통일상법전》. 윤광운·박정기 역. 파주: 법문사, 2006.

박세민.《보험법》. 제5판. 박영사, 2019.

반다리, 헤더 다시, 조나단 멜버.《(아무도 알려주지 않는) 예술가 생존법》. 김세은 역 파주: 미진사, 2015.
보험경영연구회.《보험과 리스크 관리》. 전정판. 문영사, 2010.
사법연수원.《약관규제와 소비자보호 연구》. 고양: 사법연수원, 2010.
석광현.《국제사법 해설》. 박영사, 2013.
신창섭.《국제사법》. 제4판. 세창출판사, 2018.
양현미·김형숙·이학준·주형근·김수정.《한국형 미술품경매제도 도입방안 연구》. 한국문화정책개발원, 2000.
윤진섭 외.《단색화 미학을 말하다》. 마로니에북스, 2015.
이규현.《미술경매 이야기》. 파주: 살림, 2008.
이기수 · 신창섭.《국제거래법》. 제7판. 세창출판사, 2019.
이병준.《현대 시민사회와 소비자계약법》. 집문당, 2013.
이상돈.《미술비평과 법》. 파주: 법문사, 2013.
______.《부실감사법—이론과 판례》. 법문사, 2007.
이상정.《미술과 법》. 제2판. 세창출판사, 2016.
이은영.《약관규제법》. 박영사, 1994.
______.《채권각론》. 개정판. 박영사, 2000.
이재상.《형법각론》. 제11판. 박영사, 2019.
이호정.《영국계약법》. 경문사, 2003.
장덕조.《보험법》. 제4판. 파주: 법문사, 2018.
정동윤.《상법(상)》. 제6판. 법문사, 2012.
정찬형.《상법강의(상)》. 제22판. 박영사, 2019.
최경진.《전자상거래와 법》. 현실과미래, 1998.
최정식.《보험·해상법》. 삼영사, 2014.
톰슨, 도널드.《은밀한 갤러리—현대미술을 움직이는 작가와 경매, 갤러리의 르포르타주》. 김민주·송희령 역. 리더스북, 2010.

2. 논문 및 기타 자료

고영우. 〈경매 이론과 현실 적용 사례〉. 《산업조직연구》(한국산업조직학회) 제26권 제4호(2018).

곽관훈. 〈전문가의 주의의무와 책임〉. 《한양법학》(한양법학회) 제28권(2009).

권대우. 〈미술품 매매계약에서의 하자담보책임〉. 《홍익법학》(홍익대학교 법학연구소) 제3권(2001).

권이선. 〈기업메세나 활동으로서의 미술관 후원에 관한 연구〉. 석사학위논문, 서울대학교, 2004.

권현진. 〈하이크로마와 스푸마 효과를 이용한 추상표현의 실험과 미디어 활용 제작 연구〉. 박사학위논문, 홍익대학교, 2016.

김동석. 〈국제물품매매계약에 관한 UN 협약에 있어서의 물품적합성의 결여와 현행 민·상법상의 하자담보책임〉. 《재산법연구》(한국재산법학회) 제6권 제1호(1989).

김범철. 〈하자담보책임에 있어 하자개념에 대한 비교법적 고찰〉. 《비교사법》(한국비교사법학회) 제8권 제2호(2001).

김성혜. 〈유통자로서 미술품 경매의 발전—소더비(Sotheby's) 경매사(競賣史)를 중심으로〉. 박사학위논문, 서울대학교, 2019.

김소연. 〈국내미술품 경매제도의 기능과 활성화 방안 연구〉. 석사학위논문, 홍익대학교, 2010.

김순임·이영대. 〈미술품의 경매와 가격 지수에 대한 조사 연구〉. 《The Journal of the Convergence on Culture Technology(JCCT)》(국제문화기술진흥원) 제1권 제2호(2015).

김영주. 〈미국판례법상 비양심성 법리의 전개〉. 《기업법연구》(한국기업법학회) 제27권 제2호(2013).

김재형. 〈미국법상 신인의무에 관한 연구—델라웨어주를 중심으로〉. 《일감법학》(건국대학교 법학연구소) 제20호(2011).

김정임. 〈미술작품의 유통환경 개선을 위한 전시시스템 경영전략 연구〉. 박사학위논문, 중앙대학교, 2007.
김진우. 〈약관의 해석에 관한 일고찰—객관적 해석과 작성자 불이익의 원칙의 유럽법과의 비교를 통한 검토〉. 《재산법연구》(한국재산법학회) 제28권 제3호(2011).
남궁술. 〈미술품의 진본성(authenticity)에 관한 프랑스의 사법적 기준—매수인의 착오를 중심으로〉. 《민사법이론과 실무》(민사법이론과 실무학회) 제14권 제1호(2010).
남윤오. 〈온라인 미술품 경매 시스템에 대한 연구—미술품 경매의 역사 및 사례 연구와 온라인 미술품 경매 시스템의 설계 및 구현〉. 박사학위논문, 한세대학교, 2008.
문중연. 〈한국 미술시장을 위한 미술품 경매의 운영에 관한 연구〉. 석사학위논문, 홍익대학교, 2004.
박기령. 〈수임자의무(Fiduciary Duty)에 대한 영미법의 해석론 비교연구〉. 《법학논집》(이화여자대학교 법학연구소) 제13권 제3호(2009).
박미주. 〈국내 미술시장의 중장기적 활성화 방안 연구—미술품 경매시장을 중심으로〉. 석사학위논문, 동국대학교, 2013.
박설아. 〈약관의 해석에 관한 연구〉. 박사학위논문, 서울대학교, 2016.
박신욱. 〈인터넷 경매에서 공서양속 위반을 판단함에 있어 주관적 요건의 추정에 관한 연구〉. 《홍익법학》(홍익대학교 법학연구소) 14권 제3호(2013).
박영목. 〈미국 판례를 통해 본 예술품 경매회사의 책임〉. 《법학논총》(조선대학교 법학연구원) 제22권 제2호(2015).
______. 〈예술품 위작 매도인의 법적 책임〉. 《민사법의 이론과 실무》(민사법의 이론과 실무 학회) 제18권 제1호(2014).
박지현·신형덕. 〈가격결정요인분석을 통한 미술품 온라인 경매 특성연구〉. 《경영학연구》(한국경영학회) 제41권 제4호(2012).
방혜정. 〈미술품 경매 서비스 속성에 대한 IPA분석과 구매의도에 미치는 영향〉. 석사학위논문, 중앙대학교, 2019.

배득종. 〈문화유통시장의 개방에 따른 문화정책—미술품 시장의 시스템 다이내믹스 분석〉. 《한국행정학보》(한국행정학회) 제25권 제4호(1992).

백미림. 〈미술품 경매시장 법제화 방안 연구—영국·미국·홍콩의 유관법규 분석을 중심으로〉. 석사학위논문, 홍익대학교, 2016.

서진수. 〈한국 미술시장과 경기변동—2005-2009년 미술시장을 중심으로〉. 《현대미술학 논문집》(현대미술학회) 제13권(2009).

손보미. 〈감정실패에 대한 미술경매회사의 민형사상 책임〉. 석사학위논문, 고려대학교, 2014.

손영화·손수진. 〈품질보증제도 개선에 관한 연구〉. 《한양법학》(한양법학회) 제20권(2007).

예술경영지원센터. 《2018년도 미술시장 실태조사》. 2018.

오정숙. 〈인터넷 경매 현황과 전망〉. 《정보통신정책》(정보통신정책연구원) 제12권 제8호(2000).

오호철. 〈국제물품매매법상 하자담보책임의 효과와 민법개정안의 비교〉. 《법학연구》(한국법학회) 제19권(2005).

이금노. 〈소비자권익 관점의 약관규제 개선방안 연구〉. 한국소비자원. 《정책연구보고서》. 2015.

이미희. 〈국내 미술품 온라인 유통의 현황과 전망〉. 석사학위논문, 동국대학교, 2016.

이병준. 〈인터넷 경매에서 당사자 사이의 법률관계〉. 《선진상사법률연구》(법무부) 제10호(2002).

이선민. 〈미술품 위작—미술품 위조 근절을 위한 법제도 개선 방안〉. 《콘텐츠 재산 연구》(차세대콘텐츠재산학회) 제2권(2011).

이선형. 〈약관규제법상의 고객 보호의 법리 연구〉. 박사학위논문, 제주대학교, 2017.

이수경. 〈미술품의 진품성 확보를 위한 제도적 방안에 관한 연구—뉴욕예술법의 warranty 조항을 중심으로〉. 석사학위논문, 부산대학교, 2018.

이연주. 〈미술품 진품보증에 관하여〉. 《경기법학논총》(경기대학교 법학연구소) 第7호(2008).

이우채. 〈마케팅적 성공요인 관점에서 본 미술품 전자상거래분석〉. 《통상정보연구》(한국통상정보학회) 제7권 제4호(2005).

이은희. 〈소비자기본법의 기본법으로서의 과제와 전망〉. 《소비자문제연구》(한국소비자원) 제46권 제3호(2015).

이소은. 〈미국법상 매수인 위험 부담의 원칙과 계약 체결 전 정보제공의무〉. 《비교법연구》(동국대학교 비교법문화연구소) 제19권 제3호(2019).

이재경. 〈미술품의 국제 거래상 준거법의 선택〉. 《국제사법연구》(한국국제사법연구회) 제14권(2008).

이전오. 〈서화·골동품 등의 거래로 얻은 이익의 소득구분에 관한 연구〉. 《조세논총》(한국조세법학회) 제4권 제1호(2019).

이해일. 〈국제물품매매상 당사자의 계약위반 및 그 구제에 관한 연구〉. 박사학위논문, 연세대학교, 1997.

이학준. 〈세계 미술 경매의 역사〉. 《매경이코노미》 제1750호(2014).

이형규. 〈인터넷 경매업자의 법적 지위와 권리 및 의무〉. 《비교사법》(한국비교사법학회), 제10권 제2호(2003).

임승택. 〈문화예술의 상업성 및 법률적 제 문제—미술품의 거래 및 위작미술품을 중심으로〉. 석사학위논문, 홍익대학교, 2011.

정윤아·박일호. 〈미술품 경매의 역할 증대에 따른 문제점에 관한 고찰〉. 《기초조형학연구》(한국기초조형학회) 제14권 제3호(2013).

조성룡. 〈온라인 미술품 유통관련 판매사의 마케팅 전략분석과 소비자욕구에 관한 연구〉. 《문화예술경영학연구》(한국문화예술경영학회) 제1권(2008).

조신숙. 〈한국 미술품 경매의 활성화를 위한 미술품 감정 연구〉. 석사학위논문, 단국대학교, 2010.

조영화. 〈한국 미술품 경매제도의 현황과 문제점의 개선방안 연구〉. 석사학위논문, 경희대학교, 2001.

조영화. 〈한국 미술품 경매제도의 현황과 문제점의 개선방안 연구〉. 《현대미술연구소논문집》(경희대학교 현대미술연구소) 제2권(2000).
조현승·김종호. 〈미술품 경매시장에서의 가격결정요인 분석〉. 《산업조직연구》(한국산업조직학회) 제17권 제4호(2009).
최민정. 〈미술품 경매거래에 관한 법률관계 연구〉. 석사학위논문, 이화여자대학교, 2017.
최병식. 〈한국 미술품 유통의 구조와 개선방안연구—한국과 프랑스의 미술품 경매시장 비교를 중심으로〉. 《한국문화경제연구》(한국문화경제학회) 제5권 제2호(2002).
최성호. 〈도난 예술품의 국제적 거래에 있어 준거법의 선택—뉴욕 주의 국제사법을 중심으로〉. 《법학논고》(경북대학교 법학연구원) 제42집(2013).
최영홍. 〈딜러계약의 법리〉. 《경영법률》(한국경영법률학회) 제22집 제2호(2012).
_____. 〈대리상의 보상청구권의 유추적용 여부—대법원 2013.2.14. 선고 2011다28342 판결에 대한 평석〉. 《상사법연구》(한국상사법학회) 제32권 제2호(2013).
최정환. 〈미술품 대여계약〉. 《지적소유권법연구》(한국지적재산권학회) 제6권(2002).
최홍섭. 〈국제물품매매계약에 관한 유엔협약과 우리법의 비교적 검토〉. 《비교사법》(한국비교사법학회) 제11권 제3호(2004).
한기정. 〈미국 약관규제법에 관한 소고〉. 《법학논집》(이화여자대학교 법학연구소) 제6권 제1호(2001).
_____. 〈영국 약관규제법에 관한 소고〉. 《법학논집》(이화여자대학교 법학연구소) 제5권 제1호(2000).
홍대식. 〈불공정거래행위와 공서양속〉. 《비교사법》(한국비교사법학회) 제14권 제1호(2007).
황희윤. 〈미술품거래의 법 구조와 매수인 구제를 위한 법리〉. 석사학위논문, 고려대학교, 2010.

하나금융연구소. 〈국내 미술품 시장의 성장과 대중화〉. 2018.

Ⅱ. 외국 문헌

1. 단행본

Beatson, Jack, Andrew S. Burrows, John Cartwright. *Anson's Law of Contract*. 30th ed. Oxford: Oxford University Press, 2016.

Cooter, Robert, Thomas Ulen. *Law and economics*. 4th ed. Boston: Pearson Addison Wesley, 2004.

DuBoff, Leonard D., Christy A. King, Michael D. Murray. *Art Law in a Nutshell*. 5th ed. St. Paul: West Academic Publishing, 2016.

Garner, Bryan A. *Black's Law Dictionary*. 11th ed. St. Paul: Thomson Reuters, 2019.

McKendrick, Ewan. *Contract law: text, cases, and materials*. 7th ed. Oxford: Oxford University Press, 2016.

2. 논문 및 기타자료

Akst, Leslie Kaufman. *Regulation of the New York Art Market: Has the Legislature Painted Dealers into a Corner*, 46 Fordham L. Rev. 939, (1978).

Art Basel & UBS. *Global Art Market Report*. 2018.

Art net. *Analytics Reports*. 2018.

Art Price. *The Contemporary Art Market report*. 2018.

Bauman, Lawrence Scott. *Legal Control of the Fabrication and Marketing of Fake Paintings*, 24 Stan. L. Rev. 930 (1972).

Clark, Michael J. *The Perfect Fake: Creativity, Forgery, Art and the Law*, 15 DePaul-LCA J. Art & Ent. L.1. (2004).

Dagan, Hanoch, Avihay Dorfman. *Just Relationships*, 116(6) Colum. L. Rev. 1395 (2016).

Diaz, Camina M. *Art Law Research: An Introduction*, 86(2) Law Library Journal 335 (1994).

DuBoff, Leonard D. *What is Art? Toward A Legal Definition*,12 Hastings Comm/ Ent L.J. 303 (1990).

Fincham, Derek. *How Adopting the Lex Origins Rule Can Impede the Flow of Illicit Cultural Property*, 32 Colum. J.L. & Arts 111 (2008).

Gardner, Sheldon, Robert Kuehl. *Acquiring an Historical Understanding of Duties to Disclose, Fraud, and Warranties*, 104 Com. L.J. (1999).

Gerstenblith, Patty. *Picture Imperfect: Attempted Regulation of the Art Market*, 29 Wm. & Mary L. Rev. 501 (1988).

Grohman, Hoseph M. *A Reassessment of the Selling Real Estate Broker's Agency Relationship with the Purchaser*, 61 St. John's L. Rev. 560 (1986).

Henderson, Roger C. *The Formulation of the Doctrine of Reasonable Expectations and the Influence of Forces outside Insurance Law*, 5 Conn. Ins. L. J. 69 (1998).

Hillman, Robert A. *Debunking Some Myths about Unconscionability: A New Framework for U.C.C. Section 2-302*, 67 Cornell L. Rev. 1 (1981).

Hixcox. *Online Art Trade Report*. 2018.

Hobart, Susan. *A Giant Step Forward: New York Legislation on Sales of Fine Art Multiples*, 7 Art & L. 261 (1983).

Horton, David. *Flipping the Script: Contra Proferentem and Standard Form Contracts*, 80 U. Colo. L. Rev. 431 (2009).

Houseman, Lee Ann. *Current Practices and Problems in Combatting Illegality in the Art Market*, 12 Seton Hall L. Rev. 506 (1981).

Jáuregui, Raul. *Rembrandt Portraits: Economic Negligence in Art Attribution*, 44(6) UCLA L. Rev. 1947 (1997).

Kazumori, Eiichiro. *Selling Online Versus Offline: Theory and Evidences From Sotheby's*, Proceedings of the ACM Conference on E-commerce (2003).

LeViness, Charles T. *Caveat Emptor Versus Caveat Venditor*, 7 Md. L. Rev. 177 (1942).

Levy, Steven Mark. *Liability of the Art Expert for Professional Malpractice*, 1991 Wis. L. Rev. 595 (1991).

Lucking-Reiley, Doug, Diyg Bryan, Naghi Prasad, Daniel Reeves. *Pennies from eBay: The determinants of price in online auctions*, 55(2) Journal of Industrial Economics 223, 2-4 (2007).

Malmendier, Ulrike, Young Han Lee. *The Bidder's Curse*, 101(2) AM. Econ. Rev. 749 (2011).

McKendrick, Ewan. *Auctioneers, 'Sleepers' and Actions in Negligence*, 1 LJCP. 207 (1992).

Mei, Jianping, Michael Moses. *Vested Interest and Biased Price Estimates: Evidence from An Auction Market*, 60(50) The Journal of Finance, (2005).

Orfield, Lester B. *Criminal Misrepresentation: Obtaining by False Pretenses*, 14 Neb. L. Bull. 129 (1936).

Reutter, Mark A. *Artists, Galleries and the Market: Historical, Economic and Legal Aspects of Artist-Dealer Relationships*, 8 Vill. Sports & Ent. L. J. 99 (2001).

Singer. Kai B. *"Sotheby's Sold Me a Fake!": Holding Auction Houses Accoun- table for Authenticating and Attributing Works of Fine Art*, 23 Colum. -VLA J. L. & Arts 439 (1999).

Skolnik, Peter Barry. *Art Forgery: The Art Market and Legal Considerations*, 7 Nova L. J. 315 (1983).

Stuart, William W. *Authenticity of Authorship and the Auction Market*, 54 Me. L. Rev. 71 (2002).

Symeonides, Symeon C. *The American Revolution and the European Evolution in Choice of Law: Reciprocal Lessons*, 82 Tul. L. Rev. 1741 (2007).

Troxell, Susan L. *New York's Sale of Sculpture Disclosure Law: Art Merchant Beware*, 2 DePaul-LCA J. Art & Ent. L. 14 (1991).

Vyas, Stephanie G. *Is there an Expert in the House? Thomson v. Christie's: The Case of the Houghton Urns*, 12 IJCP. 425 (2005).

Weinberger, Alan M. *Let the Buyer Be Well Informed?–Doubting the Demise of Caveat Emptor*, 55 Md. L. Rev. 387 (1996).

III. 판례

1. 국내 판례

대법원 1957. 6. 7 선고 4290형상102 판결.

대법원 1982. 7. 27 선고 80다2968 판결.

대법원 1988. 2. 9 선고 86다카2933, 2934 판결.

대법원 1992. 9. 14 선고 91도2994 판결.

대법원 1994. 12. 9 선고 94다25025 판결.

대법원 1995. 9. 29 선고 94다47261 판결.

대법원 1997. 5. 7 선고 96다39455 판결.

대법원 1997. 9. 12 선고 97도1706 판결.

대법원 1998. 6. 12 선고, 98다6800판결.

대법원 1999. 1. 26 선고. 97다48906 판결.

대법원 1999. 5. 14 선고 98다30667 판결.

대법원 2000. 1. 18 선고 98다18506 판결.

대법원 2002. 2. 5 선고 2001다71484 판결.

대법원 2002. 4. 12 선고 2000다17834 판결.

대법원 2003. 2. 26 선고 2001다68990 판결.

대법원 2004. 4. 9 선고 2003도7828 판결.

대법원 2004. 5. 14 선고 2004도74 판결.

대법원 2007. 10. 25 선고 2005도1991 판결.

대법원 2008. 3. 13 선고 2007다73611 판결.

대법원 1980. 2. 04 선고 80마2 결정.

대법원 1979. 7. 28 선고 79마215 결정.

대법원 2016. 8. 24 선고 2014다80839 판결.

서울중앙지방법원 2005. 12. 9 선고 2005가합7851 판결.

서울중앙지방법원 2007. 6. 28 선고 2006가합72159 판결.

2. 외국 판례

Autocephalous Greek-Orthodox Church of Cyprus v. Goldberg & Feldman Fine Arts, Inc., 717 F. supp. 1373(s. d. Ind. 1989), aff'd 917 F.2d 278(7th Cir. 1990).

Balog v. Center Art Gallery-Hawaii, Inc., 745 F. Supp. 1556, 1563 (D. Haw. 1990).

Bily v. Arthur Young and Co., 222 Cal. App. 3d 289, 271 Cal. Rptr. 470 (1990).

Cashion v. Ahmadi, 345 So. 2d 268,271 (Ala. 1977).

City of Gotha and Federal Republic of Germany v. Sotheby's and Cobert Finance S.A. (QUEEN'S BENCH DIVISION, Case No: 1997 G 185).

Cristallina S.A. v. Christie, Manson & Woods Int'l, 117 A.D.2d 284 (N.Y. App. Dic. 1986).

DeWeerth v. Baldinger, 38 F.3d 1266 (sd Cir) Cert. denied 513 U.S. 1001 (1994).

Fenton v. Freedman, 748 F.2d 1358.

FTC v. Magui Publishers (Civ. No.89-3818, 1991 US Dist. Lexis 20452, 9F.3d 1551 (9th Cir).

Greenwood v. Koven, 880 F. Supp. 186 (S.D.N.Y. 1995).

Hahn. v. Duveen, 234 N.Y.S. 185 (N.Y. Sup. Ct. 1929).

Hill v. Gateway 2000, Inc.,105 F. 3d 1147 (7th Cir. 1997).

Houghton v. Trafalgar Insurance [1954] 1 QB 247.

Interfoto Picture Library Ltd v. Stiletto Visual Programmes Ltd [1989] QB 433.

Jendwine v. Slade, 170 Eng. Rep. 459 (1797).

Krahmer v. Christie's, Inc., 911 A.2d 399 (Del. Ch. 2006); 925 A.2d 504 (Del. 2007).

Lawson v. London Arts Group, 708 F.2d 226 (6th Cir. 1983).

Lingsch v. Savage, 213 Cal. App. 2d 729, 736, 29 Cal. Rptr. 201, 204 (1963).

Luxmoore-May v. Messenger May Baverstock All E.R. 1067, CA (1990).

McFarland v. Newman, 9 Watts 55, 57 (Pa. 1839).

Mickle v. Christie's, Inc., 207 F.Supp.2d 237 (S.D.N.Y. 2002).

Mickle v. Schwarz Gallery, Index No. 604175/99 (N.Y.Sup.Ct.,filed Nov.5. 2001).

Nataros v. Fine Arts Gallery of Scottsdale, 126 Ariz. 44, 612 P.2d 500.

O'Keeffe V. Snyder, 83 N.J. 478, 416 A.2d 862 (1980).

Olley v. Marlborough Court Hotel Ltd [1949] 1 KB 532.

Parke-Bernet Galleries, Inc. v. Franklyn, 256 N.E.2d 506 (1970).

Pearson (S) & Son Ltd v. Dublin Corporation [1907] AC 351.

Peek v. Gurney, 6 L.R.-E. & I. App. 377, 403 (H.L. 1873).

Power v. Barham, 111 Eng. Rep. 865 (1836).

R v Ivan Liberto and Pamela Yvonne Liberto [2008] VCC 1372.

Rosen v. Spanierman, 894 F.2d 28 (2d Cir. 1990); 10 UCC Rep. Serv. 2d 846.

Sammons v. Commissioner, 838 F. 2d 330 (9th Cir. 1988).

Seixas and Seixas v. Woods, 2 Caine R. 48, 54 (N. Y., 1804).

Spiers v. United States 47 C.C.P.A. 118.

Stortroen v. Beneficial Finance Co. (736 P.2d).

Stuart v. Wilkins, 1 Doug. 19, 99 Eng. Rep. 15 (1778).

Thomson v. Christie Manson & Woods Ltd. and others, E.W.H.C. 1101 (Q.B.) (2004); E.W.C.A. CIV. 555 (2005); All E.R. (D) 176 (2005).

Thornton v. Shoe Lane Parking Ltd [1971] 2 QB 163.

Tony Shafrazi Gallery, Inc. v. Christie's Inc (N.Y. Sup. Ct. Nov.17. 2008); N.Y. Misc.

Lexis 2428 (N.Y. Sup. Ct. 2009); summary judgement N.Y. Misc. Lexis 5578 (N.Y. Sup. Ct. 2011).

Travis v. Sotheby Parke Bernet, Inc., Index No. 4290/79, slip op. (N.Y. Sup. Ct. Nov. 11, 1982).

United Sates v. Burke, 718 F. Supp. 1130 (S.D.N.Y. 1989).

U.S. v. Crawford, 239 F.3d 1086, 56 Fed. R Evd. Serv. 388(9th Cir. 2001).

U.S. v. MClintic, 570 F.2d 685, 689, 2 Fed. R. Evid. Serv. 903 (8th Cir. 1978).

U.S. v. Schultz, 333 F.3d 393, 399 (2d Cir. 2003).

Vom Lehn v. Astor Art Galleries, 86 Misc.2d 1, 380 N.Y.S.2d 532, 1976 N.Y. Misc. Lexis 2383 (Sup. Ct. 1976).

Ward v. Taggart, 51 Cal. 2d 736, 742, 336 P.2d 534, 538 (1959).

Weisz v. Parke-Bernet Galleries, 67 Misc. 2d 1077, 325 N.Y.S.2d 576 (N.Y. Civ. Ct.(1971), 77 Misc. 2d 80, 351 N.Y.S.2d 911 (N.Y. App. Term 1974).

White v. Blackmore [1972] 2 QB 651.

Winkworth v. Christie : Manson & Woods, Ltd., (1980) ALL ER 1121.

Ⅳ. 인터넷 사이트

K-옥션, http://www.k-auction.com.

네이버 지식백과, https://terms.naver.com.

두산백과, http://terms.naver.com.

법제처, http://www.law.go.kr.

소더비 경매, http://www.sothebys.com.

서울옥션, http://www.seoulauction.com.

세계법제정보센터, http://world.moleg.go.kr.

위키피디아 백과사전, http://en.wikipedia.org/wiki.

크리스티 경매, http://www.christies.com.

한국일보, https://www.hankookilbo.com/News/Read/199907090060216924.

한국화랑협회, https://www.koreagalleries.or.kr.

The Art Loss Register, http://www.artloss.com.

Casetext, https://casetext.com.

FindLaw, https://lp.findlaw.com.

JUSTIA US Law, https://law.justia.com.

LegiFrance, https://www.legifrance.gouv.fr.

Legal Information Institute, https://www.law.cornell.edu.

Michigan Legislature, http://www.legislature.mi.gov.

Office of the Law Revision Counsel, https://uscode.house.gov.

The New York State Senate, https://www.nysenate.gov.

Westlaw, https://www.westlaw.com.

예술품 경매 바로 알기

초판 발행 2021년 9월 6일
초판 2쇄 2022년 1월 20일

지은이 정승우
펴낸곳 고려대학교출판문화원
www.kupress.com
kupress@korea.ac.kr
(02841) 서울특별시 성북구 안암로 145
Tel 02-3290-4230, 4232
Fax 02-923-6311
찍은곳 네오프린텍(주)

ISBN 979-11-91161-74-8 93360

값 20,000원